수능이라는 크고 높은 산(a great mountain).
크리스천 수험생과 학부모로서 어떻게 넘을 것인가?
이 책을 통해 놀라운 에너지와 지혜 그리고 인내를 얻게 될 것이다.

이풍우 목사 | 별무리교회 담임, 전 교사선교회 대표

마지막 전환점을 돌아선 마라톤 선수에게
시원한 물 한 잔은 산소를 급속 충전하는 에너지가 됩니다.
이 책은 바로 그 급속 충전 에너지와 같은 책입니다.
수능 마라톤의 마지막 경주를 하고 있는 사랑하는 학생들과 부모님들께
이 책을 강력히 권합니다.

유은희 교수 | 총신대학교 기독교교육과

100일간의 염려와 걱정이 아닌,
100일간의 지혜와 인도하심을 구하는
수험생과 학부모에게 이 책을 권합니다. 마음의 역전을 경험하실 겁니다.

마은종 박사 | 고려대학교 교육학

학부모를 위한
100일
묵상과 기도

학부모를 위한
100일 묵상과 기도

지은이 이상훈
펴낸이 임상진
펴낸곳 (주)넥서스

초판 1쇄 인쇄 2020년 5월 25일
초판 1쇄 발행 2020년 6월 5일

출판신고 1992년 4월 3일 제311-2002-2호
10880 경기도 파주시 지목로 5
Tel (02)330-5500 Fax (02)330-5555

ISBN 979-11-6165-811-7   04230

저자와 출판사의 허락 없이 내용의 일부를
인용하거나 발췌하는 것을 금합니다.

저자와의 협의에 따라 인지는 붙이지 않습니다.

가격은 뒤표지에 있습니다.
잘못 만들어진 책은 구입처에서 바꾸어 드립니다.

이 도서의 국립중앙도서관 출판예정도서목록(CIP)은 서지정보유통지원시스템
홈페이지(http://seoji.nl.go.kr)와 국가자료공동목록시스템(http://www.nl.go.kr/
kolisnet)에서 이용하실 수 있습니다. (CIP제어번호 : CIP2020020969)

www.nexusbook.com

학부모를 위한

100일 묵상과 기도

이상훈 지음

넥서스CROSS

* * * *

내가 산을 향하여 눈을 들리라 나의 도움이 어디서 올까
나의 도움은 천지를 지으신 여호와에게서로다

시편 121편 1-2절

믿음으로 자녀를 양육해온 _____님께

응원하는 마음을 담아 드립니다.

서문

적응의 지혜로 승리하십시오

대한민국에서 입시(入試)는 피할 수 없는 삶의 과정이 되어 버렸습니다. 입시 과정이 너무 고단하여, 어떤 이는 입시지옥(exam-hell)이라고 말합니다. 그리스도인이라고 해서 입시 과정을 피해갈 수 없습니다. 어떻게 해야 할까요? 하나님나라에 소속되어 있으니, 입시 같은 것은 초월해야 할까요? 아니면 세상의 빛이 되어야 하니, 입시에 더욱 몰입해야 할까요?

다니엘에게서 힌트를 얻어 봅니다. 다니엘은 초월이나 몰입이 아닌 적응(adaptation)의 지혜를 발휘했습니다. 다니엘은 바벨론 제국의 언어와 학문을 열심히 습득했습니다. 바벨론 입시를 열심히 준비한 것입니다. 그는 이름까지도 바벨론식으로 바꾸는 적응력을 보여 주었습니다. 하지만 다니엘은 지킬 것은 목숨 걸고 지켰습니다. 그것은 바로 '다니엘의 왕은 오로지 하나님 한 분'이라는 진리였습니다. 이것이 적응의 지혜입니다.

이 책에는 무조건 다 잘 될 거라는 피상적인 위로가 담겨 있지 않습니다. 하나님이 함께하시니 성적도 팍팍 오를 거라는 희망고문도 담겨 있지 않습니다. 이 책에는 수많은 신앙의 선배들이 세상보다 더 크신 하나님을 바라보며, 세상을 적응하며, 세상을 이겨 낸 이야기가 소개됩니다. 그 이야기는 이 땅의 그리스도인 수험생과 학부모에게 진정한 응원이 될 것입니다.

문득 30년 전, 저의 고3 여름이 떠오릅니다. 점심시간마다 기드온협회에서 나눠 준 파란색 성경책을 한 장씩 읽었습니다. 그리고 책상에 엎드려 기도를 했습니다. 그 시간은 제 영혼을 하늘의 에너지로 급속 충전하는 소중한 시간이었습니다. 30년 후, 저는 수험생 아빠가 되었습니다. 저의 자녀 수아와 수찬을 비롯한 이 땅의 크리스천 수험생과 학부모에게 '급속 충전 3분 묵상과 기도'를 강력히 권합니다.

책을 낼 때마다 아내 장미희 사모의 존재감이 더욱 빛납니다. 하늘향기교회 가족들도 책 쓰는 담임목사 때문에 많은 희생을 감수해야 했습니다. 특히 저의 집필을 위해 기도해 주신 양가 부모님(이용택 안수집사, 김연심 권사, 장근주 집사, 김복례 집사)을 비롯한 기도의 동역자 여러분들에게 또 기도의 빚을 졌습니다.

《부활이 알고 싶다》와 《예수님과 함께하는 40일》에 이어 또 한 권의 책을 믿고 맡겨 주신 넥서스CROSS에 감사의 마음을 전합니다. 더불어 부족한 원고를 멋진 작품으로 만들어 주신 유다미 팀장과 정은경 대리 그리고 기획을 해 주신 조현영 팀장에게 고개 숙여 감사드립니다. 부디 이 책이 이 땅의 크리스천 수험생과 학부모를 응원하는 한 잔의 시원한 여름 냉수가 되길 소망합니다.

목차

012

D-100 아담이 응원합니다
창 2:15 – 17

D-99 노아가 응원합니다
창 6:13 – 14, 22

D-98 아브라함이 응원합니다
창 22:10 – 12

D-97 이삭이 응원합니다
창 24:63 – 64, 67

D-96 야곱이 응원합니다
창 28:15 – 17

D-95 요셉이 응원합니다
창 50:19 – 21

D-94 요게벳이 응원합니다
출 2:1 – 3

D-93 모세가 응원합니다
출 14:12 – 14

D-92 아론이 응원합니다
출 28:1 – 3

D-91 나실인이 응원합니다
민 6:2 – 3

034

D-90 제사장이 응원합니다
민 6:24 – 27

D-89 슬로브핫의 딸들이 응원합니다
민 27:4 – 7

D-88 열두 정탐꾼이 응원합니다
민 14:2 – 3

D-87 여호수아가 응원합니다
수 1:6 – 8

D-86 갈렙이 응원합니다
수 14:10b – 12

D-85 드보라와 바락이 응원합니다
삿 4:3, 5:31

D-84 기드온이 응원합니다
삿 7:6 – 7

D-83 마노아가 응원합니다
삿 13:12 – 14

D-82 룻이 응원합니다
룻 1:16 – 17

D-81 한나가 응원합니다
삼상 2:1 – 2

056

D-80 사무엘이 응원합니다
삼상 3:10 – 11

D-79 소년 다윗이 응원합니다
삼상 17:36 – 37

D-78 다윗이 응원합니다
삼상 30:4 – 6

D-77 솔로몬이 응원합니다
왕상 3:8 – 10

D-76 엘리야가 응원합니다
왕상 18:37 – 38

D-75 엘리사가 응원합니다
왕상 2:13 – 14

- D-74 수넴 여인이 응원합니다
  왕하 4:8 – 10
- D-73 히스기야가 응원합니다
  대하 32:7 – 8
- D-72 요시야가 응원합니다
  대하 34:18 – 19
- D-71 돌아온 자들이 응원합니다
  스 3:6 – 7

078

- D-70 에스라가 응원합니다
  스 8:21 – 23
- D-69 느헤미야가 응원합니다
  느 4:7 – 9
- D-68 에스더가 응원합니다
  에 4:14 – 16
- D-67 욥이 응원합니다
  욥 23:8 – 10
- D-66 복 있는 사람이 응원합니다
  시 1:1 – 6
- D-65 양 떼가 응원합니다
  시 23:1 – 6
- D-64 난민 다윗이 응원합니다
  시 56:8 – 10
- D-63 시인이 응원합니다
  시 121:1 – 8
- D-62 지혜자가 응원합니다
  잠 4:23 – 27
- D-61 지혜자가 응원합니다
  잠 24:30 – 34

100

- D-60 솔로몬이 응원합니다
  전 3:12 – 13, 22
- D-59 솔로몬이 응원합니다
  아 2:10 – 12
- D-58 이사야가 응원합니다
  사 6:8 – 9
- D-57 예레미야가 응원합니다
  렘 8:18 – 20
- D-56 에스겔이 응원합니다
  겔 1:1 – 3
- D-55 다니엘이 응원합니다
  단 1:7 – 9
- D-54 호세아가 응원합니다
  호 12:5 – 6
- D-53 요엘이 응원합니다
  욜 2:12 – 14
- D-52 아모스가 응원합니다
  암 5:4 – 6
- D-51 오바댜가 응원합니다
  옵 1:3 – 4

122

- D-50 요나가 응원합니다
  욘 4:9 – 11
- D-49 미가가 응원합니다
  미 6:10 – 12
- D-48 나훔이 응원합니다
  나 1:1 – 3

D-47 하박국이 응원합니다
합 2:4b, 3:17 – 18

D-46 스바냐가 응원합니다
습 3:16 – 17

D-45 학개가 응원합니다
학 2:4 – 5

D-44 스가랴가 응원합니다
슥 1:3 – 4

D-43 말라기가 응원합니다
말 4:1 – 2

D-42 요셉이 응원합니다
마 1:18 – 21

D-41 마리아가 응원합니다
눅 1:34 – 35

144

D-40 세례 요한이 응원합니다
막 1:3 – 5

D-39 예수님이 응원합니다
눅 2:51 – 52

D-38 베드로가 응원합니다
눅 5:5 – 6, 8

D-37 마태가 응원합니다
마 9:10 – 12

D-36 사마리아 여인이 응원합니다
요 4:13 – 15

D-35 가버나움 백부장이 응원합니다
마 8:8 – 10

D-34 나인성 과부가 응원합니다
눅 7:11 – 14

D-33 혈루증 여인이 응원합니다
눅 8:43 – 44, 48

D-32 가나안 여인이 응원합니다
마 15:25 – 28

D-31 회당장 야이로가 응원합니다
막 5:22 – 23, 41 – 42

166

D-30 치유 받은 청각장애인이 응원합니다
막 7:33 – 35

D-29 감사의 사람이 응원합니다
눅 17:17 – 19

D-28 부자 청년이 응원합니다
마 19:20 – 22

D-27 바디매오가 응원합니다
막 10:46 – 48

D-26 삭개오가 응원합니다
눅 19:7 – 10

D-25 스데반이 응원합니다
행 7:58 – 60

D-24 빌립 집사가 응원합니다
행 8:5 – 6, 29 – 30

D-23 바나바가 응원합니다
행 11:22 – 24

D-22 실라가 응원합니다
행 16:23 – 26

D-21 베뢰아 사람들이 응원합니다
행 17:10 – 12

188

- *D-20* 아굴라 부부가 응원합니다
  행 18:1 - 4
- *D-19* 유두고가 응원합니다
  행 20:9 - 12
- *D-18* 바울이 응원합니다
  행 20:22 - 24
- *D-17* 로마 교회가 응원합니다
  롬 16:6 - 7
- *D-16* 고린도 교회가 응원합니다
  고전 6:19 - 20
- *D-15* 갈라디아 교회가 응원합니다
  갈 5:16, 22 - 23
- *D-14* 에베소 교회가 응원합니다
  엡 4:23 - 24, 계 2:4 - 5
- *D-13* 빌립보 교회가 응원합니다
  빌 2:3 - 5
- *D-12* 골로새 교회가 응원합니다
  골 3:20 - 21, 23
- *D-11* 데살로니가 성도들이 응원합니다
  살전 5:16 - 18

210

- *D-10* 디모데가 응원합니다
  딤후 1:5 - 7
- *D-09* 디도가 응원합니다
  딛 1:13 - 14, 16
- *D-08* 빌레몬이 응원합니다
  몬 1:1 - 3
- *D-07* 예수님의 동생 야고보가 응원합니다
  약 5:13, 전 7:14
- *D-06* 흩어진 나그네들이 응원합니다
  벧전 5:6 - 7
- *D-05* 사도 요한이 응원합니다
  요일 4:11 - 12
- *D-04* 가이오가 응원합니다
  요삼 1:1 - 3
- *D-03* 예수님의 동생 유다가 응원합니다
  유 1:24 - 25
- *D-02* 사도 요한이 응원합니다
  계 1:8
- *D-01* 허다한 증인이 응원합니다
  히 12:1 - 2

믿음의 주요 또 온전하게 하시는 이인 예수를 바라보자 그는 그 앞에 있는 기쁨을 위하여 십자가를 참으사 부끄러움을 개의치 아니하시더니 하나님 보좌 우편에 앉으셨느니라

_히브리서 12장 2절

D-100
~
D-91

D-100

1 min Word

창세기 2:15-17

¹⁵여호와 하나님이 그 사람을 이끌어 에덴 동산에 두어 그것을 경작하며 지키게 하시고 ¹⁶여호와 하나님이 그 사람에게 명하여 이르시되 동산 각종 나무의 열매는 네가 임의로 먹되 ¹⁷선악을 알게 하는 나무의 열매는 먹지 말라 네가 먹는 날에는 반드시 죽으리라 하시니라

_____

_____

_____

Cheer (1 min) 아담이 응원합니다.

행복의 반대말은 불행이나 불쾌가 아닙니다. 행복의 반대말은 욕심입니다. 욕심을 품는 그 순간, 우리의 행복은 사라지기 시작합니다. 아담은 에덴동산에서 행복했습니다. 네 개의 아름다운 강이 흐르는 에덴. 그 사이로 다채로운 열매가 가득했습니다. 아담은 그 에덴을 누리며 자유로이 즐겼습니다. 동산을 지키며 경작하는 일은 의미 있었고, 생명체의 이름을 짓는 일은 흥미로웠습니다. 그러나 아담이 하나님처럼 되고 싶은 욕심을 품었을 때, 그 욕심 때문에 금지된 열매에 손을 뻗었을 때, 에덴의 행복은 순식간에 깨지기 시작했습니다. 이처럼 욕심은 행복을 빼앗아갑니다. 입시생의 부모가 가장 경계해야 할 것은 욕심입니다. 자녀가 입시 동산에서 수능 열매를 행복하게 즐길 수 있도록 묵묵히 도와줍시다.

Prayer (1 min)

우리가 행복하기를 원하시는 하나님, 수능이 100일 앞으로 다가왔습니다. ○○(이)가 오늘까지 기나긴 입시의 경주를 잘 해오게 하심을 감사드립니다. 하지만 수능이 100일밖에 남지 않았다는 사실을 생각하면 자꾸 마음이 초조해집니다. 잡초 같은 욕심을 뽑고 뽑아내도 다시 저의 마음을 지배합니다. 이 시간 하나님의 창조의 손길로 저와 ○○(이)의 마음을 새롭게 창조해 주소서. 새 마음을 부어 주소서. 오늘도 ○○(이)는 하나님이 허락하신 입시의 동산에 다시 설 것입니다. ○○(이)에게 그 동산을 즐기며 누릴 수 있는 여유를 주소서. 예수님의 이름으로 기도합니다.

D-99

1 min Word

창세기 6:13-14, 22

¹³하나님이 노아에게 이르시되 모든 혈육 있는 자의 포악함이 땅에 가득하므로 그 끝 날이 내 앞에 이르렀으니 내가 그들을 땅과 함께 멸하리라 ¹⁴너는 고페르 나무로 너를 위하여 방주를 만들되 그 안에 칸들을 막고 역청을 그 안팎에 칠하라 ²²노아가 그와 같이 하여 하나님이 자기에게 명하신 대로 다 준행하였더라

Cheer (1 min) — 노아가 응원합니다.

하나님의 한숨이 점점 깊어졌습니다. 세상의 악이 점점 커지고, 사람들의 죄도 점점 깊어졌기 때문입니다. 그때 하나님의 마음을 시원케 하는 한 사람이 있었습니다. 노아였습니다. 노아는 하나님과 동행했습니다. 영혼의 와이파이(Wi-Fi)를 열어 놓고 하나님의 말씀을 받아 실천했습니다. 자그마치 120년, 43,800일 동안 방주를 만들었던 노아. 참으로 멋진 하나님의 사람입니다. 주변 사람들은 노아를 향해 손가락질하며 비아냥거렸습니다. 하지만 노아는 흔들리지 않았습니다. 그는 다른 사람들의 시선이나 평가에 집중하지 않았습니다. 노아가 집중한 것은 하나님의 얼굴입니다. 하나님만 바라보며 매일매일 순간순간 뚜벅뚜벅. 지금 수험생 가족인 우리에게 필요한 삶의 자세입니다.

Prayer (1 min)

순종을 기뻐하시는 하나님, 노아의 순종을 생각하며 도전을 받습니다. 120년간 묵묵히 방주를 만들었던 노아에게서 인내를 배우게 하소서. 백일도 천일도 아닌 43,800일을 버티고 견딜 수 있었던 믿음을 배우게 하소서. 주변 사람들의 시선이나 평가에 흔들리지 않게 하소서. 오직 하나님의 얼굴을 구하며, 입시까지 남은 시간을 매일매일 순간순간 뚜벅뚜벅 잘 걸어가게 하소서. 오늘도 저와 ○○(이)에게 주신 입시의 사명을 잘 감당하게 하소서. ○○(이)의 마음을 하나님께 맡겨 드립니다. 예수님의 이름으로 기도합니다.

D-98

1 min Word

창세기 22:10-12

¹⁰손을 내밀어 칼을 잡고 그 아들을 잡으려 하니 ¹¹여호와의 사자가 하늘에서부터 그를 불러 이르시되 아브라함아 아브라함아 하시는지라 아브라함이 이르되 내가 여기 있나이다 하매 ¹²사자가 이르시되 그 아이에게 네 손을 대지 말라 그에게 아무 일도 하지 말라 네가 네 아들 네 독자까지도 내게 아끼지 아니하였으니 내가 이제야 네가 하나님을 경외하는 줄을 아노라

_____

_____

_____

Cheer (1 min) 아브라함이 응원합니다.

"아들 이삭을 번제로 드리라!" 아브라함은 귀를 의심했습니다. 비상식적인 하나님의 명령이었지만, 즉시 짐을 챙겼습니다. 3일간 침묵하며 모리아산으로 향했습니다. 도착 후 이삭을 장작더미에 눕혔습니다. 아브라함은 호흡을 멈춘 채 칼을 높이 들었습니다. 바로 그때 아브라함을 부르시는 하나님의 음성이 들렸습니다. 하나님은 인생 최대의 시험을 이겨 낸 아브라함에게 믿음의 합격점을 주셨습니다. 수능. 사랑하는 자녀에게는 인생 최대의 시험일 수 있습니다. 어쩌면 부모에게도 큰 시험일 수 있고요. 큰 시험이 왔다면 큰 믿음을 가질 기회입니다. 하나님은 우리의 믿음의 분량을 아시고 감당할 수 있는 시험만 허락하십니다. 하나님의 신호가 올 때까지 믿음으로 침묵하며 견뎌 봅시다. 모리아의 시험을 이겨 낸 아브라함과 이삭처럼.

Prayer (1 min)

좋으신 하나님, 시험이 올 때마다 감당할 수 있는 힘을 주시니 감사합니다. 또한 시험을 통해 믿음이 성장하고 성숙하게 하시니 감사합니다. 요즘 저와 ○○(이)는 입시라는 모리아 땅으로 걸어가고 있습니다. 하나님이 허락하신 수능의 짐을 어깨에 매고, 저와 ○○(이)는 오늘도 묵묵히 따르고 있습니다. 수능시험만 잘 보는 것이 아니라 믿음시험에도 합격할 수 있는 저와 ○○(이)가 될 수 있도록 도와주소서. 예수님의 이름으로 기도합니다.

D-97

1 min Word

창세기 24:63-64, 67

⁶³이삭이 저물 때에 들에 나가 묵상하다가 눈을 들어 보매 낙타들이 오는지라 ⁶⁴리브가가 눈을 들어 이삭을 바라보고 낙타에서 내려 ⁶⁷이삭이 리브가를 인도하여 그의 어머니 사라의 장막으로 들이고 그를 맞이하여 아내로 삼고 사랑하였으니 이삭이 그의 어머니를 장례한 후에 위로를 얻었더라

Cheer 이삭이 응원합니다.
1min

텅 비어 있는 사라의 장막. 이삭은 아직도 어머니의 죽음이 실감 나지 않습니다. 금방이라도 텐트 안에서 '이삭아~'라고 부르시는 음성이 들릴 듯했습니다. 이삭은 그리움의 눈물을 닦아내며 해 질 녘 들판에서 멍하니 앉아 있었습니다. 어둠이 광야에 밀려들듯이 상실과 우울이 이삭의 마음에 밀려들고 있었습니다. 그렇게 이삭은 깊은 외로움의 늪 속으로 점점 빠져들어가고 있었습니다. 바로 그때, 저 멀리에서 리브가가 다가왔습니다. 하나님이 보내주신 위로의 사람이었습니다. 리브가는 어두웠던 이삭의 마음을 환하게 밝혀주는 빛이 되었습니다. 혹시 사랑하는 자녀가 이삭처럼 상실, 우울, 외로움 때문에 고개를 숙이고 있습니까? 지금 사랑을 찐~하게 표현해 보세요. 자녀의 마음을 밝혀 주는 작은 빛이 될 수 있습니다.

Prayer
1min

우리를 위로하시는 하나님, 오늘도 책상에서 외롭게 싸워나갈 ○○(이)와 함께하여 주소서. 사랑하는 ○○(이)의 마음을 위로하여 주소서. 요즘 생각만큼 오르지 않는 성적 때문에 실의에 빠져 있습니다. ○○(이)가 외로울 때마다, 힘들 때마다, 어두울 때마다 두 손 모아 기도할 수 있는 믿음을 주소서. 저에게도 사랑의 마음을 주셔서 이삭을 위로했던 리브가처럼 ○○(이)에게 작은 위로가 될 수 있게 하소서. 예수님의 이름으로 기도합니다.

D-96

1 min Word

창세기 28:15-17

¹⁵내가 너와 함께 있어 네가 어디로 가든지 너를 지키며 너를 이끌어 이 땅으로 돌아오게 할지라 내가 네게 허락한 것을 다 이루기까지 너를 떠나지 아니하리라 하신지라 ¹⁶야곱이 잠이 깨어 이르되 여호와께서 과연 여기 계시거늘 내가 알지 못하였도다 ¹⁷이에 두려워하여 이르되 두렵도다 이 곳이여 이것은 다름 아닌 하나님의 집이요 이는 하늘의 문이로다 하고

Cheer (1 min) 야곱이 응원합니다.

쌍둥이 형이 받을 복을 가로챈 야곱. 그때만 해도 달콤한 인생의 성공을 예감했습니다. 그러나 며칠 후 그는 도망자 신세가 되었습니다. 축복의 땅을 등지고 고생의 땅을 향해 달렸습니다. 해는 졌는데 머물 곳이 없었습니다. 어둠을 더듬어 돌을 베개 삼아 누웠습니다. 부모 품을 떠나 생애 최초로 경험하는 고생이었습니다. 인생이 실패와 절망의 내리막길이었습니다. 무섭고 외로웠습니다. 그때 하나님은 야곱을 찾아오셨습니다. 야곱을 안아주시며 격려하셨습니다. 그제야 야곱은 알게 되었습니다. 하나님을 모신 곳은 그 어디든지 천국이라는 사실을. 입시는 분명 고생입니다. 하지만 하나님과 함께하는 입시는 천국입니다. 생애 최초의 고생을 경험하고 있는 자녀를 하나님 대신 안아 주세요. 그리고 하나님이 함께하고 계신다는 메시지도 전해 주세요.

Prayer (1 min)

우리와 함께하시는 하나님, 생애 최초로 고생하는 야곱을 격려하시고 응원해 주셨듯이, 하나님의 자녀 ○○(이)도 응원해 주시고 격려해 주셔서 감사합니다. 요즘 쪽잠을 자며 피곤해하는 ○○(이)의 모습이 꼭 돌베개를 베고 자는 야곱과 같아 마음이 짠합니다. 말은 안 해도 입시의 두려움과 홀로 공부하는 외로움이 큰 것 같습니다. 하나님, ○○(이)를 하나님의 손에 올려드리오니 하늘의 위로와 격려를 부어주소서. 입시는 고생이나 하나님과 함께하는 입시는 천국임을 경험하는 ○○(이)가 되게 하소서. 예수님의 이름으로 기도합니다.

D-95

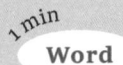

창세기 50:19-21

¹⁹요셉이 그들에게 이르되 두려워하지 마소서 내가 하나님을 대신하리이까 ²⁰당신들은 나를 해하려 하였으나 하나님은 그것을 선으로 바꾸사 오늘과 같이 많은 백성의 생명을 구원하게 하시려 하셨나니 ²¹당신들은 두려워하지 마소서 내가 당신들과 당신들의 자녀를 기르리이다 하고 그들을 간곡한 말로 위로하였더라

1 min Cheer 요셉이 응원합니다.

요셉의 인생은 한 마디로 옷의 인생입니다. 채색옷으로 화려하게 시작했지만 형들에 의해 갈기갈기 찢겼습니다. 이집트로 팔려 간 요셉은 노예옷을 입게 됩니다. 그마저도 여주인에 의해 찢긴 후 결국 어두운 감옥에 갇혀 죄수옷을 입게 됩니다. 하지만 요셉은 놀랍게도 단 한 번도 불평하지 않았습니다. 심지어 총리옷을 입고 인생 대역전을 경험했을 때도 우쭐하지 않았습니다. 요셉에게 중요한 것은 옷이 아니었습니다. 요셉은 언제 어디서나 주인 되신 하나님의 결정을 따랐습니다. 그리고 최선을 다해 하나님을 사랑하고 이웃을 사랑하는 일에만 집중했습니다. 혹시 하나님 자리에 앉아 자녀의 주인 노릇을 하고 있지는 않습니까? 자녀에게 더 좋은 옷을 입히려는 욕심이 있지는 않습니까? 다 내려놓고 자녀의 주인 되신 하나님께 맡깁시다.

1 min Prayer

인생의 주인이신 하나님, ○○(이)가 태어나서 배냇저고리를 입고 누워 있을 때가 아직도 기억에 생생합니다. 그동안 ○○(이)를 지켜주시고 성장하게 하셔서 멋진 교복을 입게 하시니 감사합니다. 이제 교복의 시절도 얼마 남지 않았습니다. 남은 시간 ○○(이)가 요셉처럼 하나님을 신뢰하며 믿을 수 있는 믿음을 주소서. 그래서 언제 어디에 있든지 하나님의 은총의 힘으로 넉넉히 살아낼 수 있는 힘을 주소서. 공부하고 싶어도 공부할 수 없는 국가에서 태어나지 않고, 공부할 수 있는 국가에 태어나게 하신 하나님의 뜻을 깨닫게 하소서. 오늘도 최선을 다하도록 도와주소서. 예수님의 이름으로 기도합니다.

D-94

1 min Word

출애굽기 2:1-3

¹레위 가족 중 한 사람이 가서 레위 여자에게 장가 들어 ²그 여자가 임신하여 아들을 낳으니 그가 잘 생긴 것을 보고 석 달 동안 그를 숨겼으나 ³더 숨길 수 없게 되매 그를 위하여 갈대 상자를 가져다가 역청과 나무 진을 칠하고 아기를 거기 담아 나일 강 가 갈대 사이에 두고

_____

_____

_____

Cheer (1 min) 요게벳이 응원합니다.

"아들이 태어나면 나일강에 던지라." 히브리 민족의 씨를 말리려는 애굽 왕의 명령이었습니다. 그러나 요게벳은 왕의 명령에 순순히 따르지 않았습니다. 갓 태어난 모세를 석달 동안 숨기고, 갈대 상자에 넣어 강가에 놓아 두고, 엄마임을 숨긴 체 유모를 자처했습니다. 이 모든 과정이 요게벳에게는 뼈를 깎는 고통이었지만 믿음으로 담대하게 실천했습니다. 애굽 왕보다 만왕의 왕 하나님을 더 경외했기 때문입니다. 요게벳은 하나님 나라를 섬기는 여전사였습니다. 요게벳이 없었다면 모세도 출애굽의 역사도 없었을 것입니다. 우리도 자본주의 제국의 법칙에 순응하지 맙시다. 돈과 성공을 위해서 믿음을 던져 버리지 맙시다. 우리가 굴복하면 자녀의 믿음도, 한국교회의 미래도 없습니다. 하나님은 이 시대의 요게벳을 찾고 계십니다.

Prayer (1 min)

만왕의 왕이신 하나님, 저를 하나님 나라를 섬기는 용사로 불러주시니 감사합니다. 하지만 너무도 나약하게 세상 제국의 법칙에 순응해 버리는 저의 연약함을 고백합니다. 모세를 살리기 위한 요게벳의 싸움에 새로운 도전을 받습니다. 저도 다시 마음을 새롭게 하여, 자녀를 세상 제국으로부터 지켜 내게 하소서. 공부도 중요하고 성공도 중요하지만 가장 중요한 것은 자녀의 믿음을 지켜 나가는 것임을 알고 있습니다. 저의 믿음을 붙들어 주소서. 아직도 늦지 않았으니 할 수 있는 모든 것을 하게 하소서. 그리고 최선을 다하는 저와 ○○(이)에게 하늘의 은총을 덧입혀 주소서. 예수님의 이름으로 기도합니다.

D-93

1 min Word

출애굽기 14:12-14

¹²우리가 애굽에서 당신에게 이른 말이 이것이 아니냐 이르기를 우리를 내버려 두라 우리가 애굽 사람을 섬길 것이라 하지 아니하더냐 애굽 사람을 섬기는 것이 광야에서 죽는 것보다 낫겠노라 ¹³모세가 백성에게 이르되 너희는 두려워하지 말고 가만히 서서 여호와께서 오늘 너희를 위하여 행하시는 구원을 보라 너희가 오늘 본 애굽 사람을 영원히 다시 보지 아니하리라 ¹⁴여호와께서 너희를 위하여 싸우시리니 너희는 가만히 있을지니라

Cheer (1 min) 모세가 응원합니다.

바로가 항복하자 백성들은 당당하게 애굽을 탈출했습니다. 하나님은 구름 기둥과 불기둥으로 인도해 주셨습니다. 모든 것이 잘 되고 있었습니다. 그런데 마음이 돌변한 바로가 전차부대를 이끌고 뒤쫓아 왔습니다. 앞에는 홍해 바다가 있었습니다. 두려운 백성들은 "우릴 죽이려고 탈출시켰냐?"며 원망과 불평을 쏟아 냈습니다. 노예 생활로 돌아가자는 출애굽 포기론자도 생겼습니다. 그때 하나님의 음성이 들렸습니다. "내가 너희를 위해 싸울 것이니 가만히 있으라." 위기의 순간, 하나님을 더욱 의지하라는 말씀이었습니다. 우리는 이 위기 다음에 홍해의 기적이 준비되어 있다는 것을 알고 있습니다. 입시 생활에도 위기가 올 수 있습니다. 그럴수록 두려움, 원망, 불평, 포기의 마음을 주님 앞에 내려놓고, 제5의 방향에 계신 하나님만을 더욱 의지합시다.

Prayer (1 min)

우리를 위해 싸우시는 하나님, 모든 것이 잘 될 때도 있지만 사방이 막혀 출구가 보이지 않을 때도 있습니다. 요즘 ○○(이)가 입시 압박감으로 인해 스트레스를 많이 받고 있습니다. 무더운 날씨는 ○○(이)의 몸과 마음을 지치게 만듭니다. 성적은 그 자리를 맴도는 것 같고 이렇게 공부하는 것이 무슨 의미가 있을까 하는 의문도 듭니다. 수능을 포기하고 싶은 마음도 든다고 합니다. 하지만 오늘 모세에게 해 주신 말씀이 저와 ○○(이)를 향한 말씀임을 압니다. 사방이 막혀 있어도 우리에게는 제5의 방향에 계신 하나님이 계심을 믿습니다. 하나님을 더욱 의지하오니 새로운 기적을 베풀어 주소서. 예수님의 이름으로 기도합니다.

D-92

Word (1 min)

출애굽기 28:1-3

¹너는 이스라엘 자손 중 네 형 아론과 그의 아들들 곧 아론과 아론의 아들들 나답과 아비후와 엘르아살과 이다말을 그와 함께 네게로 나아오게 하여 나를 섬기는 제사장 직분을 행하게 하되 ²네 형 아론을 위하여 거룩한 옷을 지어 영화롭고 아름답게 할지니 ³너는 무릇 마음에 지혜 있는 모든 자 곧 내가 지혜로운 영으로 채운 자들에게 말하여 아론의 옷을 지어 그를 거룩하게 하여 내게 제사장 직분을 행하게 하라

_____

_____

_____

1 min Cheer 아론이 응원합니다.

하나님은 아론에게 제사장 직분을 맡기시고, 특별한 옷을 입히셨습니다. 제사장 옷은 아름답고 거룩하게 디자인되었습니다. 하나님은 왜 제사장에게 일반 백성과 다른 옷을 입히셨을까요? 이유는 간단합니다. 다르게 살라는 뜻이었습니다. 거룩하신 하나님을 더 가까이 섬기는 제사장은 일반 백성보다 더 거룩한 삶을 살아야 한다는 의미였습니다. 어쩌면 제사장의 옷은 매우 부담스러운 옷일 수 있습니다. 하나님은 우리에게 새 시대의 제사장 직분을 맡기셨습니다(벧전 2:9). 이제 예수님을 믿는 모든 사람이 제사장입니다. 입시 부모라고 예외일 수 없습니다. 제사장 직분을 수능 때까지만 반납할 수 없습니다. 오히려 거룩한 입시 부모가 되어야 합니다. 매우 부담스러운 진리입니다. 하지만 그 결과는 분명 축복일 것입니다.

1 min Prayer

거룩하신 하나님, 저의 말과 행동을 돌아보게 됩니다. 저의 삶과 일상의 모습도 반성해 봅니다. 뭔가 달라도 달라야 하는데, 제 삶의 옷은 예수님을 믿지 않는 사람과 별반 다르지 않습니다. 특히 ○○(이)를 대하는 저의 말과 태도는 너무도 세속적입니다. 은연중에 ○○(이)에게 성공을 기대합니다. 겉으로는 믿음이 먼저라고 말하지만, 마음속으로는 여전히 잘했으면 하는 기대를 합니다. ○○(이)가 공부를 게을리하는 모습을 보일 때면 정죄하고 비아냥거리기도 했습니다. 이제는 다르게 반응하는 부모가 되게 하소서. 제사장다운 말과 행동, 삶과 일상이 되게 하소서. 예수님의 이름으로 기도합니다.

D-91

1 min Word

민수기 6:2-3

²이스라엘 자손에게 전하여 그들에게 이르라 남자나 여자가 특별한 서원 곧 나실인의 서원을 하고 자기 몸을 구별하여 여호와께 드리려고 하면 ³포도주와 독주를 멀리하며 포도주로 된 초나 독주로 된 초를 마시지 말며 포도즙도 마시지 말며 생포도나 건포도도 먹지 말지니

_____

_____

_____

Cheer (1 min) 나실인이 응원합니다.

어릴 때부터 성막에서 생활한 사무엘, 긴 머리의 삼손, 술을 먹지 않는 레갑 자손, 광야에서 메뚜기와 석청만 먹은 세례(침례) 요한. 이들에게는 공통점이 있습니다. 모두 나실인이었습니다. 나실(나자르)은 바치다, 헌신하다라는 뜻입니다. 말 그대로 나실인은 하나님께 바쳐지고 헌신된 사람입니다. 그래서 나실인은 하나님을 섬기기 위해서 크게 3종류의 불편을 감수했습니다. 첫째, 먹지 않기. 둘째, 꾸미지 않기. 셋째, 만지지 않기입니다. 마음대로 먹지 않고, 마음대로 꾸미지 않고, 마음대로 만지지 않는 매우 불편한 삶을 살았습니다. 나실인은 하나님을 사랑하는 마음으로 거룩한 불편함을 스스로 정했습니다. 입시와 경건, 둘 다 유지하는 것은 분명 불편한 일입니다. 하지만 나실인처럼 하나님을 사랑하는 마음을 품어본다면 가능하지 않을까요?

Prayer (1 min)

구별된 삶을 기뻐하시는 하나님, 그리스도인은 이 시대의 제사장이자 나실인이라는 사실을 새롭게 깨닫습니다. 너무나 부담스럽고 버겁습니다. 하지만 다르게 살고 거룩한 불편함을 감수하는 것이 참된 자유로 가는 길이라는 것은 분명합니다. 저는 항상 불편하지 않은 삶을 살게 해 달라고 기도해 왔습니다. 하지만 하나님은 저에게 거룩한 불편함을 결정하라고 말씀하십니다. 오늘도 편함과 불편함의 싸움에서 승리하게 하소서. 하나님을 섬기기 위해서 기꺼이 거룩한 불편함을 선택하게 하소서. 예수님의 이름으로 기도합니다.

그러므로 하나님의 능하신 손 아래에서 겸손하라 때가 되면
너희를 높이시리라 너희 염려를 다 주께 맡기라 이는 그가 너희를
돌보심이라

_ 베드로전서 5장 6-7절

D-90
~
D-81

D-90

1 min Word

민수기 6:24-27

²⁴여호와는 네게 복을 주시고 너를 지키시기를 원하며 ²⁵여호와는 그의 얼굴을 네게 비추사 은혜 베푸시기를 원하며 ²⁶여호와는 그 얼굴을 네게로 향하여 드사 평강 주시기를 원하노라 할지니라 하라 ²⁷그들은 이같이 내 이름으로 이스라엘 자손에게 축복할지니 내가 그들에게 복을 주리라

Cheer (1 min) 제사장이 응원합니다.

"이스라엘 자손을 축복하라." 제사장의 업무수첩 첫 페이지에 적혀 있는 문장입니다. 축복은 제사장의 가장 큰 임무였습니다. 제사장의 축복은 해도 되고 안 해도 되는 선택사항이 아니었습니다. 기분 좋으면 축복하고 기분 나쁘면 저주할 수 있는 권리도 아니었습니다. 제사장은 조건 없이 축복해야 했습니다. 심지어 축복하기 싫을 때에도 축복해야 했습니다. 부모는 자녀를 축복하는 제사장입니다. 물론 자녀도 부모를 축복할 수 있는 제사장입니다. 구약의 제사장처럼 서로에게 3가지를 축복해 보세요. "하나님, ○○(이)를 보호하시고 ○○(이)에게 은혜를 주시고 ○○(이)에게 평강을 주소서." 서로를 향한 축복은 우리 가정을 행복 둥지로 만들어 줄 것입니다. 그리고 오늘도 입시의 길을 걸어갈 자녀에게 든든한 보약이 될 것입니다.

Prayer (1 min)

복을 주시는 하나님, 부족한 우리를 새 시대의 제사장으로 임명해 주시니 감사합니다. 세상을 축복하고 자녀를 축복하는 귀한 임무를 맡았음에도, 그 임무를 잘 감당하지 못한 저를 용서하소서. 오늘도 제사장으로써 ○○(이)를 축복합니다. ○○(이)를 보호해 주소서. 죄와 시험과 악으로부터 보호하여 주소서. ○○(이)에게 은혜를 주소서. 세상이 알 수 없는 하늘의 좋은 것으로 부어주소서. ○○(이)에게 평화를 주소서. 마음의 혼돈과 무질서를 하나님의 강력한 평화로 몰아내소서. 예수님의 이름으로 기도합니다.

D-89

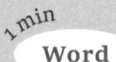

민수기 27:4-7

⁴어찌하여 아들이 없다고 우리 아버지의 이름이 그의 종족 중에서 삭제되리이까 우리 아버지의 형제 중에서 우리에게 기업을 주소서 하매 ⁵모세가 그 사연을 여호와께 아뢰니라 ⁶여호와께서 모세에게 말씀하여 이르시되 ⁷슬로브핫 딸들의 말이 옳으니 너는 반드시 그들의 아버지의 형제 중에서 그들에게 기업을 주어 받게 하되 그들의 아버지의 기업을 그들에게 돌릴지니라

_____

_____

_____

1 min Cheer 슬로브핫의 딸들이 응원합니다.

슬로브핫은 딸만 다섯 명을 남기고 죽었기 때문에 상속자가 끊어졌습니다. 그때 슬로브핫의 딸들이 모세를 찾아가 자신들이 상속자가 되겠다고 했습니다. 상속법에 맞지 않는 당돌한 요구였습니다. 그렇게 재산이 탐났던 것일까요? 아닙니다. 슬로브핫의 딸들은 자신들의 가문이 약속의 땅을 분배받지 못하는 것에 심각한 영적 위기를 느꼈던 것입니다. 하나님은 그녀들의 중심을 보시고 상속을 허락하셨습니다. 그 대신 조건이 있었습니다. 므낫세 지파 안에서만 남편을 선택해야 한다는 조건이었습니다. 배우자 선택의 폭이 10분의 1로 확 줄어드는 불이익이었습니다. 슬로브핫의 딸들은 불이익을 기꺼이 받아들였습니다. 약속의 땅을 가장 소중하게 생각했기 때문입니다. 본받을 만합니다.

1 min Prayer

중심을 보시는 하나님, 우리 가정의 영적인 축복을 가장 소중하게 여길 수 있는 믿음을 주소서. 더 나아가 우리 가문과 후손들이 받게 될 영적인 축복도 생각하게 하소서. ○○(이)가 입시 과정에서 좋은 결과를 얻는 것보다 ○○(이)가 받게 될 영적인 복을 더 소중하게 여기게 하소서. 저에게도 가문의 영적 축복을 위해서라면 손해를 기꺼이 받아들일 수 있는 믿음을 주소서. 예수님의 이름으로 기도합니다.

D-88

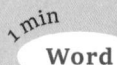

민수기 14:2-3

²이스라엘 자손이 다 모세와 아론을 원망하며 온 회중이 그들에게 이르되 우리가 애굽 땅에서 죽었거나 이 광야에서 죽었으면 좋았을 것을 ³어찌하여 여호와가 우리를 그 땅으로 인도하여 칼에 쓰러지게 하려 하는가 우리 처자가 사로잡히리니 애굽으로 돌아가는 것이 낫지 아니하랴

_____

_____

_____

Cheer — 1 min
열두 정탐꾼이 응원합니다.

12명 중 10명이 가나안 정복을 부정적으로 평가했습니다. 가나안에는 힘센 거인들이 가득하고 성벽과 요새는 견고하여 허점이 없다고 보고했습니다. 만일 전쟁을 한다면 백전백패할 것이라고 예측했습니다. 그러자 백성들은 금방이라도 모세를 잡아 죽일 기세였습니다. 이후 백성들은 어려운 일이 생길 때마다 불평했습니다. 하나님은 백성들의 불신앙을 보시며 매우 분노하셨습니다. 어쩌면 그동안 하나님이 베푸신 은혜 중에서 하나만 기억했더라도 그런 일탈은 하지 않았을 것입니다. 입시 여정에서 낙심, 원망, 두려움 같은 마음의 불순물들이 끓어오르십니까? 지난날 하나님이 자녀에게 베풀어 주셨던 은혜들을 떠올려 보십시오. 감사와 평안을 되찾게 될 겁니다. 믿음은 기억하는 것임을 잊지 맙시다.

Prayer — 1 min

은혜가 풍성하신 하나님께서 ○○(이)에게 베풀어 주셨던 은혜를 기억해 봅니다. 임신에서 출산까지, 첫돌을 지나 혼자 걷고, 유치원으로 시작하여 고교 수능까지의 모든 걸음 걸음마다 하나님이 붙들어 주셨습니다. 하나님은 ○○(이)가 모든 질병을 이기게 하셨습니다. ○○(이)를 모든 위험으로부터 지켜 주셨습니다. ○○(이)가 대입 수능이라는 장벽 앞에서 힘겨워하는 모습을 볼 때 낙심되기도 하고 원망스럽기도 하고 두렵기도 합니다. 하지만 하나님의 은혜를 다시 기억합니다. 여기까지 도우셨던 에벤에셀의 하나님께서 앞으로도 여호와 이레의 하나님으로 도와주실 것을 확신합니다. 예수님의 이름으로 기도합니다.

D-87

1 min Word

여호수아 1:6-8

⁶강하고 담대하라 너는 내가 그들의 조상에게 맹세하여 그들에게 주리라 한 땅을 이 백성에게 차지하게 하리라 ⁷오직 강하고 극히 담대하여 나의 종 모세가 네게 명령한 그 율법을 다 지켜 행하고 우로나 좌로나 치우치지 말라 그리하면 어디로 가든지 형통하리니 ⁸이 율법책을 네 입에서 떠나지 말게 하며 주야로 그것을 묵상하여 그 안에 기록된 대로 다 지켜 행하라 그리하면 네 길이 평탄하게 될 것이며 네가 형통하리라

Cheer (1 min) 여호수아가 응원합니다.

모세의 장례를 마친 여호수아는 복잡한 생각에 잠겼습니다. 서쪽 하늘 아래에는 정복해야 할 가나안 땅이 숙제처럼 쌓여 있었습니다. 그 땅은 힘센 거인들과 견고한 요새가 기다리는 곳이었습니다. 등 뒤에는 자신만 바라보는 백성들이 있었고 이제 그동안 의지했던 모세는 없었습니다. 갑자기 우주 한가운데 홀로 버려진 듯한 외로움이 밀려왔습니다. 어쩌면 여호수아는 새로운 도전을 직면하기 싫었을지도 모릅니다. 바로 그때 하나님은 여호수아를 찾아오셨습니다. 하나님은 여호수아와 함께하겠다고 약속하시며, 강하고 담대하라고 격려하셨습니다. 특히 마음이 힘들 땐 율법 책을 주야로 묵상하라고 말씀해 주셨습니다. 요즘 마음과 생각이 복잡하고 흔들리시나요? 우리의 마음 중심을 잡아줄 수 있는 것은 오직 하나님의 말씀뿐입니다.

Prayer (1 min)

우리와 함께하시는 하나님, 여호수아처럼 마음이 복잡할 때가 있습니다. 점점 다가오는 수능과 대입이 우리를 압박합니다. ○○(이)의 미래를 생각할 때 알 수 없는 막연함이 마음을 두렵게 합니다. 때로는 이 세상에 혼자 남겨진 듯한 외로움이 밀려옵니다. 하지만 저는 하나님이 저와 늘 함께하고 계심을 믿습니다. 오늘도 하나님의 든든한 음성에 귀를 기울입니다. 말씀하여 주소서. 오늘도 하나님의 말씀 붙잡고 하루의 사명을 잘 감당하게 하소서. 예수님의 이름으로 기도합니다.

D-86

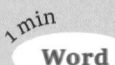

여호수아 14:10b-12

¹⁰ᵇ 오늘 내가 팔십오 세로되 ¹¹ 모세가 나를 보내던 날과 같이 오늘도 내가 여전히 강건하니 내 힘이 그 때나 지금이나 같아서 싸움에나 출입에 감당할 수 있으니 ¹² 그 날에 여호와께서 말씀하신 이 산지를 지금 내게 주소서 당신도 그 날에 들으셨거니와 그 곳에는 아낙 사람이 있고 그 성읍들은 크고 견고할지라도 여호와께서 나와 함께 하시면 내가 여호와께서 말씀하신 대로 그들을 쫓아내리이다 하니

_____

_____

_____

Cheer (1 min) 갈렙이 응원합니다.

85세의 갈렙. 그는 40세에 지파 대표가 되어 가나안을 정탐했습니다. 이후 40년의 기나긴 광야 생활도 버티고 견뎠습니다. 더 나아가 가나안의 수많은 전쟁터에서 목숨 걸고 싸웠습니다. 지난 45년 동안 일한 것으로 충분했습니다. 하지만 갈렙은 멈추지 않았습니다. 오히려 여호수아에게 "이 산지를 지금 내게 주소서"라고 요구했습니다. 산지는 거인 용사들과 견고한 요새가 있는 정복하기 어려운 땅이었습니다. 하지만 85세 갈렙은 승리를 확신하고 있었습니다. 하나님의 위대하심과 그분의 신실한 약속을 끝까지 믿었기 때문입니다. 입시가 거대한 산처럼 정복하기 어려워 보일 수 있습니다. 하지만 잊지 않았으면 좋겠습니다. 하나님은 수능 거인보다, 대입 요새보다 더 크시다는 것을. 그 크신 하나님께 자녀의 미래를 맡겨봅시다. 85세 갈렙처럼.

Prayer (1 min)

크신 하나님, 85세 갈렙이 가지고 있던 큰 믿음과 멈추지 않는 열정에 도전을 받습니다. 갈렙이 가지고 있던 믿음의 눈을 저에게도 주소서. 세상 그 무엇보다 크신 하나님을 바라볼 수 있는 믿음의 눈을 주소서. 문제보다 더 크신 하나님, 상황보다 더 크신 하나님을 바라볼 수 있는 믿음의 눈을 주소서. 갈렙이 하나님의 약속을 끝까지 믿었던 것처럼 저도 하나님의 말씀을 끝까지 신뢰하게 하소서. 저의 믿음은 너무도 나약해서 상황에 따라서 변해 버립니다. 수능이 거인처럼 보이고, 대입이 정복하기 어려운 요새처럼 보일 때마다 하나님의 약속을 기억하게 하소서. 예수님의 이름으로 기도합니다.

D-85

1 min Word

사사기 4:3, 5:31

³야빈 왕은 철 병거 구백 대가 있어 이십 년 동안 이스라엘 자손을 심히 학대했으므로 이스라엘 자손이 여호와께 부르짖었더라

³¹여호와여 주의 원수들은 다 이와 같이 망하게 하시고 주를 사랑하는 자들은 해가 힘 있게 돋음 같게 하시옵소서 하니라 그 땅이 사십 년 동안 평온하였더라

_____

_____

_____

1 min
Cheer 드보라와 바락이 응원합니다.

20년간의 학대, 철병거 900대, 군대 장관 시스라, 가나안 왕 야빈. 말만 들어도 숨이 턱 하고 막힙니다. 이스라엘은 절망 속에 주저앉아 울부짖었습니다. 그때 하나님의 사람 드보라와 바락이 일어났습니다. 꿀벌이라는 뜻의 드보라는 그 이름답게 부드러운 카리스마와 지혜를 겸비한 여사사였습니다. 반면에 번개라는 뜻의 바락은 용감하고 날렵한 용사였습니다. 두 사람의 조합은 환상적이었습니다. 드보라의 지혜와 바락의 용기가 하나님의 능력을 호흡하며 승리를 만들어냈습니다. 대입 수능에서 승리를 원한다면 드보라와 바락에서 힌트를 얻으십시오. 주저앉아 있지 말고 하나님의 능력을 가슴 깊이 호흡하십시오. 드보라처럼 지혜롭게, 바락처럼 용기 있게 일어나 보십시오. 승리의 반전 드라마가 다시 시작될 것입니다.

1 min
Prayer

지혜와 용기를 주시는 하나님, 여러 문제와 상황이 우리의 숨을 막히게 합니다. 어떻게 해결할지 몰라 멍하니 주저앉아 있을 때가 있습니다. 그럴 때마다 다시 일어날 수 있는 지혜와 용기를 주소서. 저에게는 부드러운 카리스마와 지혜를 주셔서 ○○(이)에게 좋은 조력자가 되게 하소서. ○○(이)에게는 바락에게 주셨던 용기를 주소서. 주저앉아 있지 말고 다시 일어나게 하소서. 드보라와 바락이 하나님의 능력을 호흡하며 아름다운 조화를 이룬 것처럼 저와 ○○(이)도 아름다운 호흡을 이루게 하소서. 승리의 반전 드라마를 다시 시작하게 하소서. 예수님의 이름으로 기도합니다.

D-84

1 min Word

사사기 7:6-7

⁶손으로 움켜 입에 대고 핥는 자의 수는 삼백 명이요 그 외의 백성은 다 무릎을 꿇고 물을 마신지라 ⁷여호와께서 기드온에게 이르시되 내가 이 물을 핥아 먹은 삼백 명으로 너희를 구원하며 미디안을 네 손에 넘겨 주리니 남은 백성은 각각 자기의 처소로 돌아갈 것이니라 하시니

_____

_____

_____

Cheer `1 min` 기드온이 응원합니다.

낙타부대를 앞세운 미디안 연합군이 쳐들어 왔습니다. 적군은 해변의 모래알처럼 셀 수 없이 많았습니다. 기드온은 애써 3만 2,000명을 모았습니다. 그런데 하나님은 이상한 작전 지시를 하셨습니다. "300명만 남기고 다 돌려보내라." 99%를 버리고 1%만 남기라는 이해할 수 없는 작전이었습니다. 그런데 놀랍게도 하나님은 그 1%로 미디안을 이기게 하셨습니다. 만약 3만 2,000명으로 이겼다면 이스라엘은 자신들의 힘으로 이겼다고 자랑하며 교만해졌을 것입니다. 하나님은 의도적으로 이스라엘의 힘을 빼심으로 교만을 막은 것입니다. 하나님은 종종 우리의 힘도 빼십니다. 그때 실망하지 말고 끝까지 하나님을 의지해야 합니다. 그러면 겸손과 승리를 모두 얻게 될 것입니다.

Prayer `1 min`

좋으신 하나님, 승리는 하나님께 속한 것임을 인정하며 고백합니다. 하나님이 이해할 수 없는 작전지시를 내려도 당황하지 않게 하소서. 다 알 수 없어도 우리보다 지혜로우신 하나님을 믿게 하소서. 하나님이 저와 ○○(이)의 힘을 빼실 때에는 실망하지 않게 하소서. 하나님이 우리를 겸손하게 낮추실 때에는 기꺼이 낮아지게 하소서. 높아지려고 고집부리지 않게 하소서. 우리를 겸손하게 하시고 승리하게 하시는 하나님의 계획표를 믿고 기쁜 마음을 따르게 하소서. 다 이해하지 못한다 해도 끝까지 하나님을 의지하게 하소서. 예수님의 이름으로 기도합니다.

D-83

1 min Word

사사기 13:12-14

¹²마노아가 이르되 이제 당신의 말씀대로 되기를 원하나이다 이 아이를 어떻게 기르며 우리가 그에게 어떻게 행하리이까 ¹³여호와의 사자가 마노아에게 이르되 내가 여인에게 말한 것들을 그가 다 삼가서 ¹⁴포도나무의 소산을 먹지 말며 포도주와 독주를 마시지 말며 어떤 부정한 것도 먹지 말고 내가 그에게 명령한 것은 다 지킬 것이니라 하니라

Cheer 마노아가 응원합니다.

마노아의 빼앗긴 들에도 봄은 올까요? 나라는 블레셋에 빼앗기고, 백성은 죄악에 빼앗기고, 아내는 불임이었습니다. 그런데 마노아의 차가운 겨울 왕국에 봄이 시작됐습니다. 천사가 기쁜 소식을 전해주었습니다. 하나님이 아들을 주실 것이며, 그 아들은 장차 빼앗긴 나라와 백성을 구원할 것이라는 소식이었습니다. 우리 같으면 기적의 소식에 소리치며 기뻐했을 것입니다. 그런데 마노아 부부는 너무도 차분하게 질문했습니다. "하나님, 이 아이를 어떻게 길러야 합니까?" 마노아 부부는 알았던 것입니다. 은총으로 태어날 아들을 자기 마음대로 길러서는 안 된다는 것을 말입니다. 마노아의 진지한 질문은 이 시대의 부모들에게 꼭 필요한 질문입니다.

Prayer

은혜로우신 하나님, ○○(이)는 저에게 주신 하나님의 은총입니다. 뒤돌아보면 ○○(이)를 내 마음대로, 내 경험대로, 내 욕심과 내 의지대로 키우려고 했습니다. 하나님, 제게 "○○(이)를 어떻게 길러야 합니까"라는 질문은 너무 뒤늦은 질문 같습니다. 하지만 지금이라도 이 질문을 할 수 있어서 다행입니다. ○○(이)를 어떻게 길러야 할까요? ○○(이)가 하나님의 백성으로 성장하고 성숙할 수 있도록 지혜로 돕게 하소서. 예수님의 이름으로 기도합니다.

D-82

1 min Word

룻기 1:16-17

¹⁶룻이 이르되 내게 어머니를 떠나며 어머니를 따르지 말고 돌아가라 강권하지 마옵소서 어머니께서 가시는 곳에 나도 가고 어머니께서 머무시는 곳에서 나도 머물겠나이다 어머니의 백성이 나의 백성이 되고 어머니의 하나님이 나의 하나님이 되시리니 ¹⁷어머니께서 죽으시는 곳에서 나도 죽어 거기 묻힐 것이라 만일 내가 죽는 일 외에 어머니를 떠나면 여호와께서 내게 벌을 내리시고 더 내리시기를 원하나이다 하는지라

_____

_____

_____

Cheer (1 min) 룻이 응원합니다.

룻은 모압 여인, 나오미는 이스라엘 여인. 피 한 방울 섞이지 않은 남남이었습니다. 룻은 며느리, 나오미는 시어머니. 친해지기 어려운 관계였습니다. 하지만 룻은 나오미를 죽기까지 따르겠다고 결정했습니다. 나오미가 부자라서? 아닙니다. 오히려 정반대였습니다. 나오미는 모든 것을 잃어버린 텅 빈 여인이었습니다. 남편 없는 과부였습니다. 두 아들마저 먼저 숨을 거두었습니다. 재산도 모압에서 탕진했습니다. 그렇다면 왜 룻은 텅 빈 나오미를 따랐던 것일까요? 나오미의 하나님 때문이었습니다. 극과 극인 룻과 나오미를 하나 되게 한 것은 하나님이었습니다. 하나님은 서로 다른 것을 하나 되게 만드는 강력한 평화 접착제입니다. 수험생과 학부모가 하나 되어야 할 때입니다. 하나님의 평화를 간구합시다.

Prayer (1 min)

우리를 하나 되게 하시는 하나님, 저와 ○○(이)가 하나 되길 소망합니다. 하나님만이 우리를 하나 되게 하실 수 있습니다. 혹시 ○○(이)가 부모님이나 선생님과의 관계 문제로, 친구와의 관계 문제로 아파하고 있다면 평화를 되찾도록 은혜를 주소서. 평화의 왕이신 하나님께서 ○○(이)의 삶을 다스려 주소서. 룻이 텅 빈 여인 나오미를 채워 주었듯이 저도 ○○(이)의 빈 부분을 채우게 하소서. ○○(이)도 제가 믿고 신뢰하는 하나님을 사랑하게 하소서. 예수님의 이름으로 기도합니다.

D-81

1 min Word

사무엘상 2:1-2

¹한나가 기도하여 이르되 내 마음이 여호와로 말미암아 즐거워하며 내 뿔이 여호와로 말미암아 높아졌으며 내 입이 내 원수들을 향하여 크게 열렸으니 이는 내가 주의 구원으로 말미암아 기뻐함이니이다 ²여호와와 같이 거룩하신 이가 없으시니 이는 주 밖에 다른 이가 없고 우리 하나님 같은 반석도 없으심이니이다

_____

_____

_____

Cheer (1 min) 한나가 응원합니다.

마음에도 심장이 있고 허파가 있습니다. 한나는 억울함과 분노, 슬픔과 우울 때문에 마음의 심장이 멈출 것만 같았습니다. 마음의 허파가 숨을 쉴 수 없었습니다. 한나의 마음에는 심폐소생술이 필요했습니다. 다행스럽게도 한나는 하나님의 응급실, 성막으로 달려왔습니다. 한나는 하나님 앞에 납작 엎드렸습니다. 그리고 자신을 맡겼습니다. 영혼의 의사이신 하나님이 다가와 하늘의 산소를 불어 넣으셨습니다. 하나님의 손이 한나의 마음의 심장을 다시 뛰게 했습니다. 계속되는 입시 생활이 우리 마음의 심장을 조일 것입니다. 마음의 숨도 막히게 할 것입니다. 그때 우리를 살리실 분은 오직 하나님이십니다. 한나를 살리신 하나님이 우리도 살리십니다. 하나님의 응급실로 달려갑시다. 하늘의 공기를 호흡하며 하나님의 손길을 경험합시다.

Prayer (1 min)

영혼의 의사이신 하나님, 억울하고 분해서 마음의 심장이 굳어 버릴 때가 있었습니다. 슬프고 우울해서 영혼이 답답할 때가 있었습니다. 숨을 쉴 수가 없었습니다. 그때마다 하나님은 저를 고쳐주셨습니다. ○○(이)의 영혼도, ○○(이)의 마음도 하나님께 올려 드립니다. 하나님이 통치하시고 다스리시고 고쳐주소서. ○○(이)의 마음은 아직 연약하여 여러 가지 상처를 받습니다. 상처를 입을 때마다 하나님이 치료하시고 새 힘을 주소서. 예수님의 이름으로 기도합니다.

형통한 날에는 기뻐하고 곤고한 날에는 되돌아 보아라 이 두 가지를 하나님이 병행하게 하사 사람이 그의 장래 일을 능히 헤아려 알지 못하게 하셨느니라

_ 전도서 7장 14절

D-80

1 min Word

사무엘상 3:10-11

¹⁰여호와께서 임하여 서서 전과 같이 사무엘아 사무엘아 부르시는지라 사무엘이 이르되 말씀하옵소서 주의 종이 듣겠나이다 하니 ¹¹여호와께서 사무엘에게 이르시되 보라 내가 이스라엘 중에 한 일을 행하리니 그것을 듣는 자마다 두 귀가 울리리라

Cheer (1min) 사무엘이 응원합니다.

사사시대의 이스라엘 백성은 무늬만 하나님의 백성이었습니다. 하나님을 향한 사랑이 1도 없었습니다. 성막에서 드리는 제사에는 영혼이 없었습니다. 제사장들은 영적 시력과 청력을 모두 잃은 채 힘없이 자리만 지켰습니다. 이스라엘은 마치 기름 없는 등불처럼 서서히 꺼져가고 있었습니다. 뿌리가 썩은 나무처럼 천천히 죽어가고 있었습니다. 그때 하나님은 어두운 시대를 밝혀줄 새 사람을 준비시켰습니다. 기적의 아이 사무엘입니다. 어린 사무엘은 하나님을 대하는 태도부터 남달랐습니다. "말씀하옵소서 주의 종이 듣겠나이다." 당시 사람들과는 완전히 다른 태도였습니다. 혹시 우리는 이렇게 기도하고 있지 않나요? "하나님, 내가 말할 테니 잘 듣고 계세요. 하나님은 응답이나 잘 하세요."

Prayer (1min)

살아 계신 하나님, 우리를 새 시대의 그리스도인으로 불러 주셔서 감사합니다. 하지만 무늬만 그리스도인으로 살아갈 때가 너무 많음을 용서하여 주소서. 겸손한 사무엘처럼 저와 ○○(이)도 겸손하게 하소서. 하나님을 우리의 종처럼 여기지 않게 하소서. 저와 ○○(이)의 영적인 시력을 회복시켜 주소서. 그래서 하나님을 바라보게 하소서. 영적 청력도 고쳐 주셔서 하나님의 말씀을 잘 듣게 하소서. 바라건대 저와 ○○(이)를 사무엘처럼 써 주소서. 어둠을 밝히는 작은 등불이 되게 하소서. 예수님의 이름으로 기도합니다.

D-79

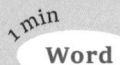

사무엘상 17:36-37

36주의 종이 사자와 곰도 쳤은즉 살아 계시는 하나님의 군대를 모욕한 이 할례 받지 않은 블레셋 사람이리이까 그가 그 짐승의 하나와 같이 되리이다 37또 다윗이 이르되 여호와께서 나를 사자의 발톱과 곰의 발톱에서 건져내셨은즉 나를 이 블레셋 사람의 손에서도 건져내시리이다 사울이 다윗에게 이르되 가라 여호와께서 너와 함께 계시기를 원하노라

_____

_____

_____

Cheer (1 min) — 소년 다윗이 응원합니다.

"너는 절대로 골리앗을 이길 수 없어!" 사울왕은 다윗의 나이, 체격, 힘, 무기, 전투 경험만 보고 판단했습니다. 하지만 소년 다윗은 반드시 골리앗을 이길 수 있다고 확신했습니다. 하나님을 바라보았기 때문입니다. 하나님은 과거에도 다윗을 사자와 곰의 발톱에서 건져내신 적이 있습니다. 다윗은 양을 위해 목숨 걸고 싸우면, 하나님은 반드시 지켜 주신다는 것을 믿고 있었습니다. 그래서 다윗은 하나님의 양 이스라엘을 구하기 위해 짐승 같은 골리앗에게 나갔습니다. 하나님은 어떻게 하셨을까요? 이전에 건져 내셨던 하나님은 어김없이 이번에도 다윗을 건져 주셨습니다. 전쟁은 하나님께 속한 것입니다. 자녀의 미래와 안전은 하나님의 손에 달려 있습니다. 오늘도 자녀의 모든 것을 하나님께 맡겨드립시다. 건져 내셨던 하나님이 건져 주실 것입니다.

Prayer (1 min)

능력이 많으신 하나님, 저와 ○○(이)에게도 다윗이 가졌던 믿음을 주소서. 우리는 자주 사울왕처럼 여러 가지 조건을 따져 보며 실망하고 좌절합니다. 입시정보, 컨디션, 지능지수, 성적, 출제경향 등에 마음이 흔들립니다. 다윗처럼 다시 하나님만 바라보게 하소서. 이전에 건져 내셨던 하나님의 역사를 기억하게 하소서. 그리고 저와 ○○(이)가 미래에도 건져 주실 하나님을 다시 붙잡게 하소서. 믿음이 없음을 용서하소서. 예수님의 이름으로 기도합니다.

D-78

1 min Word

사무엘상 30:4-6

⁴다윗과 그와 함께 한 백성이 울 기력이 없도록 소리를 높여 울었더라 ⁵(다윗의 두 아내 이스르엘 여인 아히노암과 갈멜 사람 나발의 아내였던 아비가일도 사로잡혔더라) ⁶백성들이 자녀들 때문에 마음이 슬퍼서 다윗을 돌로 치자 하니 다윗이 크게 다급하였으나 그의 하나님 여호와를 힘입고 용기를 얻었더라

_____

_____

_____

Cheer (1 min) 다윗이 응원합니다.

골리앗을 무찌른 다윗. 하지만 다윗은 꽃길만 걸었던 사람이 결코 아닙니다. 오히려 그의 인생 대부분은 가시밭길이었습니다. 특히 아말렉 족속이 다윗의 시글락 공동체를 잿더미로 만들고 모든 가족을 노예로 잡아갔을 때, 다윗은 정말 힘들었습니다. 다윗의 부하들마저 다윗을 죽이려 했을 땐 아무것도 보이지 않았습니다. 캄캄한 어둠뿐이었습니다. 그런데 어둠 속에서도 한 줄기 빛이 비쳤습니다. 다윗은 빛 되신 하나님을 바라보며 힘과 용기를 얻었습니다. 그리고 그 빛을 따라 한 걸음씩 내딛기 시작했습니다. 그때부터 놀라운 반전이 시작되었습니다. 요즘 우리의 삶이 꽃길이 아니더라도, 어둠뿐이더라도, 하나님은 살아 계십니다. 오늘도 빛 되신 하나님을 바라보면서 욕심 내지 말고 한 걸음씩만 내딛읍시다. 한 걸음씩만.

Prayer (1 min)

어둠 속 빛이 되시는 하나님, 캄캄한 어둠뿐인 이 길에도 하나님은 여전히 우리와 함께하고 계시나요? 가시밭길과 같은 수험생의 길을 걷고 있는 ○○(이)에게 빛이 되어 주소서. ○○(이)의 노력이 물거품처럼 사라져 버리는 것을 볼 때 저도 덩달아 실망하게 됩니다. 힘들어하는 ○○(이)의 모습을 보며 저도 덩달아 힘이 빠집니다. 하지만 오늘도 빛 되신 하나님을 바라봅니다. 하나님이 공급하시는 힘과 용기를 얻게 됩니다. 저와 ○○(이)를 하나님의 손에 맡겨 드립니다. 어둠의 늪에 빠져들지 않게 하소서. 예수님의 이름으로 기도합니다.

D-77

1 min Word

열왕기상 3:8-10

⁸주께서 택하신 백성 가운데 있나이다 그들은 큰 백성이라 수효가 많아서 셀 수도 없고 기록할 수도 없사오니 ⁹누가 주의 이 많은 백성을 재판할 수 있사오리이까 듣는 마음을 종에게 주사 주의 백성을 재판하여 선악을 분별하게 하옵소서 ¹⁰솔로몬이 이것을 구하매 그 말씀이 주의 마음에 든지라

_____

_____

_____

Cheer (1min) 솔로몬이 응원합니다.

서열로 보나 출신으로 보나 솔로몬은 왕이 될 수 없었습니다. 그는 다윗의 10번째 아들이었으며, 그의 어머니 밧세바의 과거는 심각한 결격사유였습니다. 하지만 하나님은 솔로몬을 왕으로 임명하셨습니다. 은혜였습니다. 더불어 하나님의 선물을 선택할 수 있는 기회를 주셨습니다. 솔로몬은 건강과 장수, 전투력과 승리, 돈과 명예를 구하지 않았습니다. "듣는 마음"을 구했습니다. 듣는 마음이란, 상황이나 문제를 정확하게 이해하는(understanding) 지혜입니다. 솔로몬은 하나님이 주신 듣는 마음(지혜)으로 나라를 잘 섬겼습니다. 그 어떤 하나님의 선물보다 듣는 마음이 최고입니다. 우리의 문제와 상황을 하나님의 눈으로 볼 수 있는 지혜를 달라고 간구합시다. 우리의 습관, 경험, 편견의 안경을 벗겨 달라고 기도합시다.

Prayer (1min)

지혜를 주시는 하나님, 저와 ○○(이)에게 대학입시를 준비할 수 있는 상황과 여건을 주시니 감사합니다. 또한 건강한 정신과 강건한 마음을 주셔서 지금까지 잘 준비하게 하시니 감사합니다. 솔로몬에게 주셨던 듣는 마음을 주소서. ○○(이)의 상황을 편견 없이 바라볼 수 있는 마음을 주소서. 더 높은 점수, 좋은 성적, 좋은 대학을 구하기보다 하나님이 주시는 듣는 마음이 먼저 있기를 원합니다. 하나님 아래에 서게(understanding) 하소서. 저와 자녀가 서로의 아래에 서서 서로를 이해하게 하소서. 예수님의 이름으로 기도합니다.

D-76

1 min Word

열왕기상 18:37-38

³⁷여호와여 내게 응답하옵소서 내게 응답하옵소서 이 백성에게 주 여호와는 하나님이신 것과 주는 그들의 마음을 되돌이키심을 알게 하옵소서 하매 ³⁸이에 여호와의 불이 내려서 번제물과 나무와 돌과 흙을 태우고 또 도랑의 물을 핥은지라

_____

_____

_____

1 min
Cheer 엘리야가 응원합니다.

이스라엘은 하나님과 바알이라는 두 기둥 사이에서 외줄 타기를 하고 있었습니다. 위태로운 모양새였습니다. 그들은 하나님과 바알 둘 다 가지려 했습니다. 욕심 때문에 어느 한 쪽을 선택하지 못하고 있었습니다. 그때 엘리야가 나섰습니다. 갈멜산 불 대결로 하나님과 바알 중 누가 참 신인지 결판을 내자고 제안했습니다. 불대결의 결과는 뻔했습니다. 살아 계신 하나님의 승리였습니다. 특히 엘리야가 제단 앞에서 드린 간절한 기도가 우리의 마음을 아프게 합니다. "이 백성이 주 여호와가 하나님이심을 알게 하옵소서." 엘리야는 이스라엘 백성이 하나님을 알기를 간절히 원했던 것입니다. 이스라엘이 하나님을 모른다니? 예, 이상하게도 이스라엘이 하나님을 몰랐습니다. 교회 다니는 우리 자녀도 하나님을 모를 수 있습니다. 놀랍게도 말이지요.

1 min
Prayer

참된 신이신 하나님, 이 시대에도 수많은 바알이 존재함을 고백합니다. 저 역시 돈과 성공, 각종 미디어, 사람을 우상화시키지는 않았는지 돌아봅니다. 하나님과 세상에 양다리를 걸치고 우유부단한 생활을 했음을 용서하소서. 특히 저와 ○○(이)가 하나님을 잘 알아서 하나님만을 사랑하고 하나님만을 섬기게 하소서. 늘 언덕 위에 세워놓은 수레처럼 뒤로 물러나는 저를 불쌍히 여겨 주소서. 오늘도 저와 ○○(이)를 하나님의 손에 맡겨드립니다. 예수님의 이름으로 기도합니다.

D-75

1 min Word

열왕기하 2:13-14

¹³엘리야의 몸에서 떨어진 겉옷을 주워 가지고 돌아와 요단 언덕에 서서 ¹⁴엘리야의 몸에서 떨어진 그의 겉옷을 가지고 물을 치며 이르되 엘리야의 하나님 여호와는 어디 계시니이까 하고 그도 물을 치매 물이 이리 저리 갈라지고 엘리사가 건너니라

_____

_____

_____

Cheer (1 min) 엘리사가 응원합니다.

역사의 무대에서 엘리야가 퇴장하고 엘리사가 등장했습니다. 엘리사는 엘리야의 정식 후계자가 되었습니다. 이제부터 엘리사가 이스라엘의 영적 사령관 역할을 감당하게 된 것입니다. 하나님은 신임 사령관에게 성령의 능력을 부어주셨습니다. 엘리사는 곧바로 성령의 능력으로 요단강 물을 가르는 기적을 행했습니다. 이 기적은 엘리사가 앞으로 어떤 일을 하게 될지 상징적으로 보여주었습니다. 물은 무질서와 혼돈의 세력을 상징했기 때문입니다. 엘리사는 성령의 능력으로 무질서를 질서 있게, 혼돈을 평화로 만드는 일을 했습니다. 하나님은 우리에게도 그 일을 맡기셨습니다. 특히 부모는 자녀의 무질서를 질서로, 자녀의 혼돈을 평화로 전화시키는 역할을 해야 합니다. 단 잊지 말아야 할 것은 인간의 능력이 아닌 성령의 능력으로 해야 한다는 것!

Prayer (1 min)

질서와 평화의 하나님, 엘리사에게 주셨던 성령의 능력을 저와 ○○(이)에게도 주심을 감사합니다. 그러나 성령의 능력으로 살기보다는 우리 자신의 능력만으로 살아가려고 했던 것을 용서하소서. 엘리사처럼 성령의 능력으로 질서와 평화를 만들어내야 하는데 저는 저의 능력으로 하려고 했음을 인정합니다. 여전히 저와 ○○(이)의 삶에는 무질서와 혼돈이 가득함을 고백합니다. 기도하오니 성령의 능력을 부어주사 저와 ○○(이)에게 질서가 있게 하시고 평화가 있게 하소서. 예수님의 이름으로 기도합니다.

D-74

1 min Word

열왕기하 4:8-10

⁸하루는 엘리사가 수넴에 이르렀더니 거기에 한 귀한 여인이 그를 간권하여 음식을 먹게 하였으므로 엘리사가 그 곳을 지날 때마다 음식을 먹으러 그리로 들어갔더라 ⁹여인이 그의 남편에게 이르되 항상 우리를 지나가는 이 사람은 하나님의 거룩한 사람인 줄을 내가 아노니 ¹⁰청하건대 우리가 그를 위하여 작은 방을 담 위에 만들고 침상과 책상과 의자와 촛대를 두사이다 그가 우리에게 이르면 거기에 머물리이다 하였더라

Cheer 수넴 여인이 응원합니다.

1 min

수넴에 한 여인이 있었습니다. 여인은 남편과 함께 부요하게 생활했지만 자녀가 없었습니다. 어느 날 엘리사 선지자가 수넴을 방문했습니다. 여인은 엘리사 선지자를 초청하여 식사를 대접했습니다. 그리고 남편을 설득하여 엘리사를 위한 방을 만들었습니다. 엘리사가 수넴을 방문할 때마다 머무를 수 있도록 배려한 것입니다. 더 나아가 여인은 엘리사에게 필요한 모든 것을 공급했습니다. 왜 그렇게 했을까요? 엘리사를 하나님의 거룩한 사람으로 존경했기 때문입니다(9절). 수넴 여인은 멋진 청지기였습니다. 하나님이 주신 물질을 하나님이 기뻐하시는 일과 거룩한 사람을 위해 잘 사용했습니다. 부모가 입시를 앞둔 자녀를 잘 돕는 것도 청지기 사명을 다하는 것입니다. 자녀도 엘리사와 같은 하나님의 거룩한 사람이기 때문입니다.

Prayer

1 min

우리의 주인 되시는 하나님, 저를 청지기로 삼아 주시니 감사합니다. 특히 하나님의 거룩한 사람 ○○(이)를 돕고 섬길 수 있는 기회를 주시니 감사합니다. 엘리사를 멋지게 섬겼던 수넴 여인처럼 저에게도 따뜻한 마음과 섬세한 배려가 있게 하소서. ○○(이)의 입시 준비를 옆에서 잘 돕게 하소서. 저는 ○○(이)의 주인이 아님을 인정하며 고백합니다. 저는 하나님의 청지기이며 ○○(이)를 돕는 자임을 기억하게 하소서. 오늘도 하나님이 맡겨 주신 입시생 부모의 역할을 멋지게 감당하게 하소서. 저의 몸과 마음이 지칠 때 새 힘을 주시고 새롭게 하소서. 예수님의 이름으로 기도합니다.

D-73

1 min Word

역대하 32:7-8

⁷너희는 마음을 강하게 하며 담대히 하고 앗수르 왕과 그를 따르는 온 무리로 말미암아 두려워하지 말며 놀라지 말라 우리와 함께 하시는 이가 그와 함께 하는 자보다 크니 ⁸그와 함께 하는 자는 육신의 팔이요 우리와 함께 하시는 이는 우리의 하나님 여호와시라 반드시 우리를 도우시고 우리를 대신하여 싸우시리라 하매 백성이 유다 왕 히스기야의 말로 말미암아 안심하니라

Cheer (1min) 히스기야가 응원합니다.

독 안에 든 쥐. 히스기야 왕과 백성들의 모습이었습니다. 앗수르 군대는 강력한 군사력으로 예루살렘 성을 에워싼 후, 남유다가 항복하기를 기다렸습니다. 하지만 히스기야 왕에게도 강력한 무기가 있었습니다. 간절한 믿음, 따뜻한 가슴, 냉철한 지혜라는 3박자 영적 무기입니다. 히스기야는 앗수르보다 크신 하나님을 믿고 의지하는 간절한 믿음이 있었습니다. 그에게는 두려워하는 백성을 위로하고 안심시키는 따뜻한 가슴이 있었습니다. 동시에 냉철한 지혜로 전투를 준비했습니다. 무너진 성벽을 고치고 군대를 정비했습니다. 하나님은 그런 히스기야에게 대역전의 승리를 선물하셨습니다. 자녀를 위해 기도하는 간절한 믿음, 불안한 자녀를 안심시키는 따뜻한 가슴, 입시를 돕는 냉철한 지혜. 입시 부모에게도 히스기야의 3박자가 필요할지 모릅니다.

Prayer (1min)

위대하고 강하신 하나님, 혹시 저와 ○○(이)가 입시문제에 에워싸여 점점 고립되어 간다면 저희를 구해 주소서. 히스기야에게 주셨던 3박자 영적 무기를 저에게도 주소서. 세상보다 크신 하나님을 더욱 의지하게 하소서. 부쩍 불안해하는 ○○(이)를 위로해 줄 수 있는 따뜻한 가슴을 주소서. 머리는 차갑게 하사 냉철하게 상황을 파악하고 입시를 준비하게 하소서. 히스기야에게 주셨던 대역전의 승리를 저희에게도 주소서. 예수님의 이름으로 기도합니다.

D-72

1 min Word

역대하 34:18-19

¹⁸서기관 사반이 또 왕에게 아뢰어 이르되 제사장 힐기야가 내게 책을 주더이다 하고 사반이 왕 앞에서 그것을 읽으매 ¹⁹왕이 율법의 말씀을 듣자 곧 자기 옷을 찢더라

_____

_____

_____

Cheer — 요시야가 응원합니다.

요시야 왕이 갑자기 옷을 찢었습니다. 사실 옷을 찢은 것이 아니라 가슴을 찢은 것입니다. 서기관이 가져온 먼지 쌓인 두루마리 책. 그 책은 허물어진 성전에 깔려 70년간 방치된 모세의 율법 책이었습니다. 허물어진 성전, 버려진 율법 책은 당시 이스라엘의 영적 수준이 얼마나 형편없는지를 보여주는 좋은 예였습니다. 요시야 왕은 새로운 출발을 결심했습니다. 더 이상 말씀을 덮어 놓지 않겠다고 결심했습니다. 우리에게도 요시야 왕처럼 신앙의 탄력성이 필요합니다. 항상 오뚝이처럼, 고무줄처럼 다시 원래의 자리로 돌아가야 합니다. 입시 핑계로 덮어 놓았던 말씀, 미뤄놓았던 기도. 오늘 지금부터 다시 시작해 봅시다. 요시야 왕처럼 옷을 찢으면서.

Prayer

회복하시는 하나님, 요시야 왕처럼 저의 가슴을 찢습니다. 저의 예배 신앙이 허물어진 지 오래입니다. 저의 말씀 신앙도 먼지 쌓인 두루마리 책처럼 방치되고 있음을 인정합니다. 눈앞의 이익에는 발걸음이 빨랐지만 말씀의 자리에는 더디 나갔습니다. 하나님의 말씀 듣기를 소홀히 했던 저를 용서하소서. 다시 하나님의 말씀을 붙들게 하소서. 우리 가정 안에도 하나님의 말씀이 바로 서게 하소서. 예수님의 이름으로 기도합니다.

D-71

1 min Word

에스라 3:6-7

⁶일곱째 달 초하루부터 비로소 여호와께 번제를 드렸으나 그 때에 여호와의 성전 지대는 미처 놓지 못한지라 ⁷이에 석수와 목수에게 돈을 주고 또 시돈 사람과 두로 사람에게 먹을 것과 마실 것과 기름을 주고 바사 왕 고레스의 명령대로 백향목을 레바논에서 욥바 해변까지 운송하게 하였더라

1 min Cheer 돌아온 자들이 응원합니다.

바벨론에서 예루살렘으로 돌아온 백성에게는 무너진 성전이 다시 세워지는 꿈이었습니다. 그러나 어디서부터 어떻게 시작해야 할지 몰랐습니다. 그때 하나님은 돌아온 자들을 성전 재건 매니저로 세워주셨습니다. 돌아온 자들은 가장 먼저 번제를 드렸습니다. 하나님과의 관계 회복을 가장 급선무로 여긴 것입니다. 번제는 율법대로 아침과 저녁에 드렸습니다. 성전 재건은 철저하게 준비했습니다. 두로와 시돈의 건축 전문가를 섭외하고, 그들의 의식주도 잘 챙겼습니다. 재료는 최고급 백향목으로 했습니다. 돌아온 자들은 성전 재건의 꿈을 도와주는 좋은 매니저였습니다. 우리도 자녀를 돕는 매니저로 부름 받았습니다. 무엇보다 자녀의 영성을 점검합시다. 또한 자녀의 의식주를 철저하고 꼼꼼하게 챙기고 전문가의 도움이 필요하면 불러서 돕게 합시다.

1 min Prayer

성실하신 창조주 하나님, 저를 ○○(이)의 매니저로 세워 주시니 감사합니다. ○○(이)가 입시라는 건물을 잘 지어 갈 수 있도록 지혜로 돕게 하소서. 가장 먼저 ○○(이)가 하나님의 임재를 경험하며 하나님을 의지할 수 있도록 인도하게 하소서. 옆에서 ○○(이)의 영혼을 깨우는 파수꾼이 되게 하소서. 매니저로서 ○○(이)가 입시 생활에 필요한 의식주를 잘 공급하게 하소서. ○○(이)를 돕고 있는 학교와 학원의 선생님들에게 성실함과 지혜를 주셔서 ○○(이)를 효과적으로 돕게 하소서. 예수님의 이름으로 기도합니다.

하나님이 우리에게 주신 것은 두려워하는 마음이 아니요 오직 능력과 사랑과 절제하는 마음이니

_ 디모데후서 1장 7절

D-70
~
D-61

D-70

1 min Word

에스라 8:21-23

²¹그 때에 내가 아하와 강 가에서 금식을 선포하고 우리 하나님 앞에서 스스로 겸비하여 우리와 우리 어린 아이와 모든 소유를 위하여 평탄한 길을 그에게 간구하였으니 ²²이는 우리가 전에 왕에게 아뢰기를 우리 하나님의 손은 자기를 찾는 모든 자에게 선을 베푸시고 자기를 배반하는 모든 자에게는 권능과 진노를 내리신다 하였으므로 길에서 적군을 막고 우리를 도울 보병과 마병을 왕에게 구하기를 부끄러워 하였음이라 ²³그러므로 우리가 이를 위하여 금식하며 우리 하나님께 간구하였더니 그의 응낙하심을 입었느니라

1 min
Cheer 에스라가 응원합니다.

에스라는 4개월간 1500km를 걸어야 하는 긴 여행을 앞두고 있었습니다. 곳곳에 강도 떼가 숨어 있는 위험한 여행이었습니다. 도착 후 예루살렘이라는 새로운 환경에 적응하는 것도 숙제였습니다. 미래에 어떤 일이 펼쳐질지 아무도 몰랐습니다. 그래서 황제는 막강한 군대로 예루살렘까지 보호해 주겠다고 했습니다. 하지만 에스라는 거부했습니다. 그 대신 귀환자 전원을 아하와 강가에 모이게 했습니다. 그리고 금식하며 기도했습니다. 출발 전에 금식기도보다 영양보충이 더 필요하지 않았냐고요? 그만큼 에스라와 귀환자들은 절실했습니다. 기도가 더 필요했던 것입니다. 그들은 마음을 합해 평탄한 길을 간구했습니다. 그 기도는 그들을 하나 되게 만들었습니다. 입시와 대입이라는 만만치 않은 여행을 앞둔 우리에게도 기도가 절실히 필요합니다.

1 min
Prayer

기도를 들으시는 하나님, 저와 ○○(이)도 만만치 않은 여행을 앞두고 있습니다. 입시는 끝이 아니라 새로운 시작일 뿐입니다. 하나님이 저의 지나간 인생길을 인도하시고 지켜주셨던 것처럼, 앞으로 펼쳐질 ○○(이)의 인생 여행도 하나님이 인도하여 주소서. 평탄한 길을 열어주소서. 곳곳에 숨어 있는 위험으로부터 보호하여 주소서. 알 수 없는 미래를 생각할 때 두렵고 떨릴 뿐입니다. 저와 ○○(이)에게 강하고 담대한 마음을 주소서. 예수님의 이름으로 기도합니다.

D-69

1 min Word

느헤미야 4:7-9

⁷산발랏과 도비야와 아라비아 사람들과 암몬 사람들과 아스돗 사람들이 예루살렘 성이 중수되어 그 허물어진 틈이 메꾸어져 간다 함을 듣고 심히 분노하여 ⁸다 함께 꾀하기를 예루살렘으로 가서 치고 그 곳을 요란하게 하자 하기로 ⁹우리가 우리 하나님께 기도하며 그들로 말미암아 파수꾼을 두어 주야로 방비하는데

_____

_____

_____

Cheer 느헤미야가 응원합니다.

왕의 술관원이었던 느헤미야가 유다 총독이 되었습니다. 대통령 비서실장에서 섬마을 이장이 된 겁니다. 무너진 성벽을 재건하려고 예루살렘에 온 겁니다. 느헤미야는 기도하며 계획을 세운 후, 52일 만에 성벽 재건을 마쳤습니다. 하지만 장애물도 많았습니다. 유다 귀족들이 방해했습니다. 암몬의 도비야는 협박을 하고, 사마리아의 산발랏은 조롱했습니다. 황제반역죄로 모함했고 군대를 끌고와 위협했습니다. 느헤미야 암살 시도도 4번이나 있었습니다. 흉년도 들었습니다. 그러나 느헤미야는 결코 포기하지 않았습니다. 성벽재건이 하나님의 뜻이라고 확신했기 때문입니다. 느헤미야는 모든 장애물을 기도로 뛰어넘으며 전진했습니다. 입시가 하나님의 뜻이라고 생각한다면 포기하지 말고 전진합시다. 힘들 때면 잠시 멈춰 기도한 후 다시 전진합시다.

Prayer

일을 계획하시고 성취하시는 하나님, 예루살렘 성벽을 다시 세우듯 저와 ○○(이)도 대입을 하루하루 준비하고 있습니다. 느헤미야의 52일처럼 우리의 남은 시간에도 여러 가지 장애물이 생길 것이라고 생각합니다. 그때마다 저와 ○○(이)가 두손 모아 기도하게 하소서. 느헤미야처럼 기도로 입시의 여러 장애물들을 뛰어넘게 하소서. 포기하지 않게 하시고 하나님이 주신 꿈을 준비하는 일에 최선을 다하게 하소서. 예수님의 이름으로 기도합니다.

D-68

1 min Word

에스더 4:14-16

¹⁴이 때에 네가 만일 잠잠하여 말이 없으면 유다인은 다른 데로 말미암아 놓임과 구원을 얻으려니와 너와 네 아버지 집은 멸망하리라 네가 왕후의 자리를 얻은 것이 이 때를 위함이 아닌지 누가 알겠느냐 하니 ¹⁵에스더가 모르드개에게 회답하여 이르되 ¹⁶당신은 가서 수산에 있는 유다인을 다 모으고 나를 위하여 금식하되 밤낮 삼 일을 먹지도 말고 마시지도 마소서 나도 나의 시녀와 더불어 이렇게 금식한 후에 규례를 어기고 왕에게 나아가리니 죽으면 죽으리이다 하니라

_____

_____

_____

Cheer · 1 min — 에스더가 응원합니다.

"유다인을 모두 처형하라!" 페르시아 제국이 발칵 뒤집혔는데, 왕은 며칠째 간신들과 술파티에 푹 빠져 있었습니다. 끔찍한 처형의 날은 점점 다가오고 있었습니다. 이대로라면 하나님의 백성이 전부 학살될 위기였습니다. 바로 그때 에스더 왕비가 죽을 각오로 왕을 찾아갔습니다. 왕의 부름 없이 왕을 찾아가면 왕비라도 사형을 당했습니다. 더군다나 에스더는 30일 넘게 왕의 부름을 받지 못해 좋지 않은 상황이었습니다. 하지만 에스더는 믿음으로 기도한 후 모든 것을 하나님께 맡기며 왕을 찾아갔습니다. 결과는 대역전이었습니다. 왕은 학살 명령을 취소하고 유다인을 모함한 하만을 처형시켰습니다. 에스더는 이름 그대로 위기의 밤을 밝힌 별이 되었습니다. 입시 준비의 위기라고 생각하십니까? 부모가 먼저 에스더처럼 별이 될 차례입니다.

Prayer · 1 min

우리를 구원하시는 하나님, 수능의 날, 대입의 때가 점점 다가오고 있습니다. 그날 그때가 인생의 기회가 될지 위기가 될지 모르겠습니다. 불안하고 초조합니다. 하지만 저와 ○○(이)는 에스더처럼 하나님께 모든 것을 맡겨 드립니다. 그리고 죽으면 죽으리라는 결단으로 나머지 시간을 준비하겠습니다. 하나님의 자녀 ○○(이)를 하나님의 손에 맡겨 드립니다. ○○(이)가 에스더처럼 인생의 밤을 밝힐 수 있는 별이 되게 하소서. 더 나아가 공동체를 위기에서 구하는 별이 되게 하소서. 예수님의 이름으로 기도합니다.

D-67

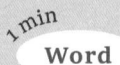

욥기 23:8-10

⁸그런데 내가 앞으로 가도 그가 아니 계시고 뒤로 가도 보이지 아니하며 ⁹그가 왼쪽에서 일하시나 내가 만날 수 없고 그가 오른쪽으로 돌이키시나 뵈올 수 없구나 ¹⁰그러나 내가 가는 길을 그가 아시나니 그가 나를 단련하신 후에는 내가 순금 같이 되어 나오리라

_____

_____

_____

Cheer (1 min) 욥이 응원합니다.

자녀 10명 사망, 재산피해 100억, 회사 부도, 말기 암 선고, 이혼, 친구 배신 등등. 욥의 상실 목록입니다. 욥의 모든 것을 빼앗아간 상실의 바람은 북극 바람보다 매서웠습니다. 욥은 몸도 아팠지만 마음도 아팠습니다. 욥의 마음을 더 아프게 한 것은 하나님이 보이지 않았다는 것입니다. 하나님의 부재(不在). 그동안 믿고 의지했던 하나님이 보이지 않았습니다. 앞뒤에도 좌우에도 하나님이 없는 것처럼 느껴졌습니다. 하나님의 부재는 욥에게 가장 큰 고통이었습니다. 하지만 욥은 하나님을 끝까지 신뢰했습니다. 욥은 자신의 삶의 주인이 하나님이라는 것을 인정했습니다. 보이지 않아도, 다 알 수 없어도, 사나 죽으나 하나님만 믿고 가는 것. 그것이 믿음입니다. 무언가를 상실하고 마음이 아프십니까? 오늘도 믿음으로 입시의 하루를 잘 버텨 냅시다.

Prayer (1 min)

삶의 주인이신 하나님, 성적이 오르기는커녕 떨어지고, 컨디션 조절을 못해서 몸이 아프고, 감정싸움으로 마음도 아프고, 미래는 보이지 않고, 하나님도 보이지 않는 일들이 저와 ○○(이)의 일상생활 속에서도 일어납니다. 우리도 욥처럼 반응할 수 있을까요? 그동안 그렇지 않았던 것 같습니다. 상실이 오면 아파하고 불평하고 원망했습니다. 보이지 않는다고, 왜 알 수 없는 거냐고 소리쳤습니다. 저와 ○○(이)에게 믿음을 주소서. 보이지 않아도 하나님만 믿고 가게 하소서. 다 알 수 없어도 하나님만 신뢰하게 하소서. 우리 인생의 주인 되시는 하나님께 모든 것을 맡깁니다. 예수님의 이름으로 기도합니다.

D-66

1 min Word

시편 1:1-6

¹복 있는 사람은 악인들의 꾀를 따르지 아니하며 죄인들의 길에 서지 아니하며 오만한 자들의 자리에 앉지 아니하고 ²오직 여호와의 율법을 즐거워하여 그의 율법을 주야로 묵상하는도다 ³그는 시냇가에 심은 나무가 철을 따라 열매를 맺으며 그 잎사귀가 마르지 아니함 같으니 그가 하는 모든 일이 다 형통하리로다 ⁴악인들은 그렇지 아니함이여 오직 바람에 나는 겨와 같도다 ⁵그러므로 악인들은 심판을 견디지 못하며 죄인들이 의인들의 모임에 들지 못하리로다 ⁶무릇 의인들의 길은 여호와께서 인정하시나 악인들의 길은 망하리로다

_____

_____

_____

Cheer (1 min) 복 있는 사람이 응원합니다.

잠시 눈을 감고 상상해 봅니다. 시냇가에 맑은 물이 흐르고 있습니다. 그 옆에 나무 한 그루가 심겨 있습니다. 초록색 나뭇잎이 풍성합니다. 그 위에 연둣빛 새 잎사귀가 돋아 있습니다. 달고 맛있는 열매도 주렁주렁 달려 있습니다. 하나님을 사랑하는 의인은 이런 나무의 모습입니다. 나무가 시냇가에 뿌리를 깊이 내리듯, 의인은 하나님과 딱 붙어 삽니다. 물론 한 발자국도 움직일 수 없으니 답답할 수도 있습니다. 바람에 날아다니는 겨가 더 자유로워 보일 수도 있습니다. 하나님 없이 본능대로 살아가는 것이 자유로워 보일 수도 있습니다. 하지만 악인의 자유는 최후의 심판을 이길 수 없습니다. 오늘도 시냇가 되신 하나님 안에서 뿌리를 더 깊이 내려 봅시다. 하늘로부터 공급되는 은총의 자양분을 마음껏 호흡해 봅시다.

Prayer (1 min)

복 주시는 하나님, 저와 ○○(이)가 시냇가에 심은 나무처럼 오늘 하루를 살아가길 원합니다. 생명 시냇가 되시는 하나님으로부터 생명수를 받아 마시게 하소서. 하늘의 자양분을 받아 누려서 생명력이 넘치는 풍성한 하루가 되게 하게 하소서. 언제 어디서나 하나님 옆에 딱 붙어 있게 하소서. 수많은 유혹의 순간에 정신을 차리게 하소서. 저와 ○○(이)가 생각하고 묵상하는 모든 것이 하나님이 인정하시는 길이 되게 하소서. 예수님의 이름으로 기도합니다.

D-65

1 min Word

시편 23:1-6

¹여호와는 나의 목자시니 내게 부족함이 없으리로다 ²그가 나를 푸른 풀밭에 누이시며 쉴 만한 물 가로 인도하시는도다 ³내 영혼을 소생시키시고 자기 이름을 위하여 의의 길로 인도하시는도다 ⁴내가 사망의 음침한 골짜기로 다닐지라도 해를 두려워하지 않을 것은 주께서 나와 함께 하심이라 주의 지팡이와 막대기가 나를 안위하시나이다 ⁵주께서 내 원수의 목전에서 내게 상을 차려 주시고 기름을 내 머리에 부으셨으니 내 잔이 넘치나이다 ⁶내 평생에 선하심과 인자하심이 반드시 나를 따르리니 내가 여호와의 집에 영원히 살리로다

_____

_____

_____

1 min Cheer 양 떼가 응원합니다.

목자가 양을 위해 하는 일들을 보면 호텔에서 제공하는 풀 서비스(Full service)에 가깝습니다. 독초와 푸른 풀밭, 오염된 웅덩이와 쉴 만한 물가를 끊임없이 감별합니다. 그리고 양질의 먹이와 물만 공급합니다. 지친 양은 쉬게 하고, 소진된 양은 소생시킵니다. 양은 2m 밖을 못 봅니다. 그래서 종종 무리를 벗어나 헤매는 양들이 생깁니다. 그때마다 목자는 주저 없이 잃어버린 양을 구출하러 나섭니다. 육식동물이 양 떼를 공격할 때면, 목자는 목숨을 걸고 지팡이로 맞서 싸웁니다. 목자는 왜 양을 위해서 풀 서비스를 제공할까요? 목자는 양의 주인이기 때문입니다. 하나님은 우리의 선한 목자이십니다. 우리를 위한 하나님의 풀 서비스는 지금도 제공되고 있습니다. 그러니 입시도 걱정하지 말고 맡깁시다. 다 맡깁시다. 고집부리면 고생만 할 뿐입니다.

1 min Prayer

선한 목자 되시는 하나님, 항상 저와 ○○(이)를 푸른 풀밭과 쉴 만한 물가와 같은 좋은 환경으로 인도해 주시니 감사합니다. 지친 영혼을 안식하게 하시고, 메마른 영혼을 회복시켜 주시니 감사합니다. 하나님이 우리의 목자라는 사실이 참으로 든든합니다. 오늘도 ○○(이)가 입시 생활을 이어갈 때 여러 독초로부터 지켜 주소서. 오염된 웅덩이를 멀리하도록 도와주소서. 잠자리에 들 때까지 하나님의 지팡이와 막대기를 꼭 붙잡고 생활하게 하소서. 저와 ○○(이)의 근시안적인 고집을 내려놓게 하시고 우리보다 지혜로우신 하나님을 더욱 의지하게 하소서. 예수님의 이름으로 기도합니다.

D-64

1 min Word

시편 56:8-10

⁸나의 유리함을 주께서 계수하셨사오니 나의 눈물을 주의 병에 담으소서 이것이 주의 책에 기록되지 아니하였나이까 ⁹내가 아뢰는 날에 내 원수들이 물러가리니 이것으로 하나님이 내 편이심을 내가 아나이다 ¹⁰내가 하나님을 의지하여 그의 말씀을 찬송하며 여호와를 의지하여 그의 말씀을 찬송하리이다

Cheer (1 min)

난민 다윗이 응원합니다.

왕이 될 거라던 다윗이 왕의 반역자라는 누명을 썼습니다. 과거에 나라를 구했던 다윗이 이제는 나라 없는 난민 신세가 됐습니다. 다윗의 과거, 현재, 미래 모든 것이 뒤엉켜서 모순이 되고 아이러니가 되었습니다. 도대체 다윗을 향한 하나님의 약속은 어떻게 된 것일까요? 하나님은 저 멀리 나무에 앉아 있는 비둘기처럼 침묵만 하실 뿐. 다윗은 하루하루 눈물 속에 살았습니다. 눈물이 하도 많아 병에 담을 정도였습니다. 하지만 다윗은 끝까지 하나님을 의지했습니다. 하나님의 약속은 반드시 이루어진다고 믿었습니다. 우리도 과거의 영광이 사라졌어도, 미래의 소망이 보이지 않아도, 오늘의 현실이 기가 막혀도 하나님만 믿고 따릅시다. 우리의 삶은 돌고 돌아서 결국은 하나님의 약속대로 될 테니까요.

Prayer (1 min)

눈물을 닦아 주시는 하나님, 우리의 눈물을 하나님의 병에 담아 주소서. ○○(이)를 위해 기도하면 눈물이 나옵니다. 입시 생활로 지쳐 가는 ○○(이)를 보면 안쓰러워서 눈물이 나옵니다. 저와 ○○(이)가 현실의 벽에 부딪혀 아프고 막막해서 웁니다. 하나님의 약속과 현실이 다를 때 혼란스러워 웁니다. 다윗처럼 웁니다. 하지만 저는 ○○(이)를 향하신 하나님의 놀라운 계획이 있음을 끝까지 믿습니다. 비록 지금은 뒤엉켜 있지만 모든 것이 정리되는 날이 올 것이라 믿습니다. 저와 ○○(이)가 끝까지 하나님만을 신뢰할 수 있도록 도와주소서. 예수님의 이름으로 기도합니다.

D-63

1 min Word

시편 121:1-8

¹내가 산을 향하여 눈을 들리라 나의 도움이 어디서 올까 ²나의 도움은 천지를 지으신 여호와에게서로다 ³여호와께서 너를 실족하지 아니하게 하시며 너를 지키시는 이가 졸지 아니하시리로다 ⁴이스라엘을 지키시는 이는 졸지도 아니하시고 주무시지도 아니하시리로다 ⁵여호와는 너를 지키시는 이시라 여호와께서 네 오른쪽에서 네 그늘이 되시나니 ⁶낮의 해가 너를 상하게 하지 아니하며 밤의 달도 너를 해치지 아니하리로다 ⁷여호와께서 너를 지켜 모든 환난을 면하게 하시며 또 네 영혼을 지키시리로다 ⁸여호와께서 너의 출입을 지금부터 영원까지 지키시리로다

_____

_____

_____

Cheer (1 min) 시인이 응원합니다.

오늘도 산 앞에 서 있습니다. 풀어야 할 인생의 문제와 숙제는 언제나 산처럼 우리 앞에 우뚝 서 있습니다. "이 산을 넘을 수 있을까?" 산은 압도적인 힘으로 항상 우리를 작아지게 만듭니다. 바로 그때 산 너머에 계신 하나님이 보입니다. 믿음의 눈을 들면 보이는 그 하나님은 인생의 산보다 크신 분입니다. 심지어 산을 만든 분입니다. 하나님은 우리가 인생의 산 때문에 풀이 죽어 있으면 재빨리 우리의 오른편으로 찾아오시는 분입니다. 그리고 우리에게 필요한 것, 우리에게 있어야 할 것을 공급해 주시는 분입니다. 은총의 구름 기둥으로 낮의 해를 막아 주시고 은혜의 불기둥으로 밤의 달로부터 지켜 주시는 좋으신 하나님입니다. 입시가 큰 산처럼 보이시나요? 입시의 산에 압도당하지 말고 산보다 크신 하나님의 손에 압도당합시다.

Prayer (1 min)

우리를 지키시는 하나님, 항상 저희를 은총의 구름 기둥으로, 은혜의 불기둥으로 지켜 주시니 감사합니다. 그동안 수많은 산을 넘어서 여기까지 오게 하시니 감사합니다. 입시의 산 앞에 서 있는 ○○(이)를 지켜 주소서. 풀이 죽어 있는 ○○(이)의 어깨를 친히 다독여 주소서. ○○(이)가 입시보다, 대입보다 하나님이 훨씬 더 크신 분이라는 사실을 깨닫게 하소서. ○○(이)에게 필요한 것을 채워 주시고 필요 없는 것은 제거하여 주소서. 우리를 창조하신 하나님의 손에 자신을 맡길 수 있는 믿음을 주소서. 예수님의 이름으로 기도합니다.

D-62

1 min Word

잠언 4:23-27

²³모든 지킬 만한 것 중에 더욱 네 마음을 지키라 생명의 근원이 이에서 남이니라 ²⁴구부러진 말을 네 입에서 버리며 비뚤어진 말을 네 입술에서 멀리 하라 ²⁵네 눈은 바로 보며 네 눈꺼풀은 네 앞을 곧게 살펴 ²⁶네 발이 행할 길을 평탄하게 하며 네 모든 길을 든든히 하라 ²⁷좌로나 우로나 치우치지 말고 네 발을 악에서 떠나게 하라

_____

_____

_____

1 min Cheer 지혜자가 응원합니다.

VIP에게는 온몸을 던져 보호하는 보디가드가 있듯 우리에게는 마음을 지켜주는 하트 가드(heart guard)가 필요합니다. 마음은 매우 중요합니다. 생명의 근원이기 때문입니다. 엔진이 고장 나면 자동차가 멈추고, CPU(중앙처리장치)가 고장 나면 컴퓨터가 먹통이 되듯이, 우리의 마음을 지키지 못하면 우리 삶에 생명력이 사라집니다. 마음을 지키려면 첫째, 구부러지고 비뚤어진 부정적인 말을 멀리해야 합니다. 둘째, 한눈팔지 말아야 합니다. 셋째, 잘못된 길로 가지 말고 바른길로 가야 합니다. 우리의 입과 눈과 발은 우리의 마음과 긴밀하게 연결되어 있습니다. 입시 생활도 마음이 건강해야 성공할 수 있습니다. 솔로몬이 입시전문가라면 분명 마음 지킴(하트 가드)을 강조했을 겁니다. 하나님이 전해 주시는 인생 성공 비결을 마음에 담아 두고 실천해 봅시다.

1 min Prayer

마음을 창조하신 하나님, 저와 ○○(이)의 마음을 지켜 주소서. 오늘도 말을 할 때에 구부러진 말과 삐뚤어진 말을 멀리하도록 도와주세요. 우리의 눈은 하나님을 향하게 하소서. 죄가 유혹할 때에는 한눈팔지 않게 하소서. 하나님의 자녀답게 해야 할 일과 하지 말아야 할 일을 바르게 분별하게 하소서. 잘못된 길은 벗어나게 하시고 바른길로 성실하게 걸어가게 하소서. 마음의 엔진이 힘차게 움직이게 하시고 마음의 심장이 온전히 뛰게 하소서. 예수님의 이름으로 기도합니다.

D-61

1 min Word

잠언 24:30-34

³⁰내가 게으른 자의 밭과 지혜 없는 자의 포도원을 지나며 본즉 ³¹가시덤불이 그 전부에 퍼졌으며 그 지면이 거친 풀로 덮였고 돌담이 무너져 있기로 ³²내가 보고 생각이 깊었고 내가 보고 훈계를 받았노라 ³³네가 좀더 자자, 좀더 졸자, 손을 모으고 좀더 누워 있자 하니 ³⁴네 빈궁이 강도 같이 오며 네 곤핍이 군사 같이 이르리라

Cheer · 1 min

지혜자가 응원합니다.

게으른 자의 인생 구호는 '좀 더 자자, 좀 더 놀자, 좀 더 쉬자'입니다. 하지만 좀 더(a little)는 그들의 인생을 갉아먹는 좀비와 같습니다. 게으른 자는 아무리 좋은 밭을 가지고 있어도 추수할 수 없습니다. 게으른 자는 아무리 좋은 포도원과 건강한 포도나무를 가지고 있어도 열매를 얻을 수 없습니다. 추수와 열매는 성실한 자에게만 주시는 하나님의 선물이기 때문입니다. 하나님도 게으른 자는 어떻게 하실 수 없습니다. 게으른 자가 기도할 때 하나님은 깊은 고민에 빠지십니다. 왜냐하면 기도라는 편지는 성실이라는 우표가 붙어있을 때만 하나님께 배달되기 때문입니다. '좀 더 성실 하자'로 인생 구호를 바꾸고, 성실 우표를 붙인 기도편지를 보내 봅시다. 하나님도 고민 없이 응답하실 겁니다.

Prayer · 1 min

성실하신 하나님, 잠언 말씀을 통해 저와 ○○(이)가 어떻게 생활해야 할지 교훈을 주시니 감사합니다. '좀 더 자자, 좀 더 놀자, 좀 더 쉬자'는 우리의 생활 구호였음을 고백합니다. 성실함 없이 기도하는 것은 요행일 수 있다는 생각이 듭니다. 부모인 제가 먼저 성실한 생활의 본을 보일 수 있도록 도와주소서. 그리고 ○○(이)도 성실한 입시생이 되어서 끝까지 입시 생활을 감당할 수 있는 힘을 주소서. 성실이라는 우표를 붙인 기도편지를 날마다 하나님께 보내는 성실한 부모, 성실한 학생이 되게 하소서. 예수님의 이름으로 기도합니다.

무슨 일을 하든지 마음을 다하여 주께 하듯 하고 사람에게 하듯 하지 말라
_ 골로새서 3장 23절

D-60

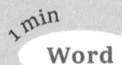

전도서 3:12-13, 22

¹²사람이 사는 동안에 기뻐하며 선을 행하는 것보다 나은 것이 없는 줄을 내가 알았고 ¹³사람마다 먹고 마시는 것과 수고함으로 낙을 누리는 것이 하나님의 선물인 줄을 또한 알았도다 ²²그러므로 나는 사람이 자기 일에 즐거워하는 것보다 더 나은 것이 없음을 보았나니 이는 그것이 그의 몫이기 때문이라 아, 그의 뒤에 일어날 일이 무엇인지를 보게 하려고 그를 도로 데리고 올 자가 누구이랴

_____

_____

_____

Cheer 솔로몬이 응원합니다.

군대에 있을 때 귀에 못이 박히도록 들었던 구호가 있습니다. '피하지 못할 고통은 차라리 즐겨라.' 힘들어해도 고통이고 즐겨도 고통이니, 차라리 즐기는 쪽을 선택하라는 것입니다. 성경도 이 구호에 동의합니다. 전도서는 무슨 일이든 즐겁게 하는 사람이 진짜 행복한 사람이라고 권합니다. 그런데 즐거운 일도 즐기지 못하고, 조금만 힘들어도 불평불만을 당연하게 쏟아 내는 사람들이 의외로 많습니다. 불행한 사람입니다. 고통을 즐기라는 충고가 너무 잔인합니까? 아닙니다. 우리는 할 수 있습니다. 우리는 약해도, 우리 안의 성령님은 강하시기 때문입니다. 솔로몬의 충고처럼 우리 인생은 안개처럼 금방 지나가고 사라질 것입니다. 순간을 즐깁시다. 입시 생활의 한숨, 눈물, 주저앉음도 즐깁시다. 이것이 새 하늘과 새 땅을 바라보는 우리만의 역설입니다.

Prayer

행복을 주시는 하나님, 무슨 일이든 즐겁게 할 수 있는 행복한 사람이 되게 하소서. 하나님이 허락하신 삶의 즐거움을 누리게 하소서. 아무리 힘든 일이라도 넉넉하게 즐길 수 있는 마음의 여유를 주소서. 고통의 순간, 한숨 나는 일 때문에 눈물의 시간을 보내더라도 불평하지 않게 하소서. 저와 ○○(이) 안에 계시는 성령님을 더욱 의지하게 하소서. 지나가면 돌아오지 않을 소중한 입시의 나날들을 즐기게 하소서. 지금을 누리게 하소서. 행복하게 하소서. 예수님의 이름으로 기도합니다.

D-59

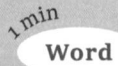

아가 2:10-12

¹⁰나의 사랑하는 자가 내게 말하여 이르기를 나의 사랑, 내 어여쁜 자야 일어나서 함께 가자 ¹¹겨울도 지나고 비도 그쳤고 ¹²지면에는 꽃이 피고 새가 노래할 때가 이르렀는데 비둘기의 소리가 우리 땅에 들리는구나

_____

_____

_____

Cheer 솔로몬이 응원합니다.

물이 담긴 컵 위에 양파 두 개를 놓습니다. 매일 한쪽에는 "짜증 나"라고, 한쪽에는 "사랑해"라고 말합니다. 며칠 후 놀라운 일이 일어납니다. '짜증 나' 쪽 양파는 점점 썩어 가지만, '사랑해' 쪽 양파는 싹이 돋아납니다. 하나님은 우리의 말 속에 능력을 심어 놓으셨습니다. 이왕이면 사랑한다고 말해 줍시다. 옆에 있는 사람이 넘어졌다면 일어날 수 있도록 격려하고 응원합시다. 기다려 주고 도움이 필요하면 도와줍시다. 함께 더불어 갑시다. 아름다운 곳을 향해서, 멋진 목적을 향해서 전진합시다. 우린 얼마나 오래 함께할 수 있을까요? 사랑하기만 해도 시간이 너무나 부족한 인생. 무조건 격려하고 응원하고 위로합시다. 잠시 입시 현실 때문에 잊어버렸던 우리의 꿈, 우리의 목적지를 상상하면서 서로 그곳을 바라보자고 말을 건네 봅시다.

Prayer

우리를 사랑하시는 하나님, 저를 부모가 되게 하셔서 ○○(이)를 돕고 격려하고 응원하는 사명을 주셔서 감사합니다. 저의 말 속에 생명의 능력을 심어 주셔서 감사합니다. 하지만 ○○(이)에게 말로 상처를 주고 마음 아프게 했던 저를 용서하소서. 말로 ○○(이)를 넘어지게 하고 실망하게 했음을 고백합니다. 쑥스러워도 다시 시작할 수 있는 용기를 주소서. ○○(이)에게 사랑한다고 말하게 하시고 격려하고 응원할 수 있게 하소서. 오늘도 저와 ○○(이)의 양파를 사랑으로 잘 기를 수 있는 지혜를 주소서. 예수님의 이름으로 기도합니다.

D-58

1 min Word

이사야 6:8-9

⁸내가 또 주의 목소리를 들으니 주께서 이르시되 내가 누구를 보내며 누가 우리를 위하여 갈꼬 하시니 그 때에 내가 이르되 내가 여기 있나이다 나를 보내소서 하였더니 ⁹여호와께서 이르시되 가서 이 백성에게 이르기를 너희가 듣기는 들어도 깨닫지 못할 것이요 보기는 보아도 알지 못하리라 하여

_____

_____

_____

Cheer (1 min) 이사야가 응원합니다.

"누가 우리를 위해 갈 수 있을까?" 하나님이 고민하셨습니다. 그때 이사야가 손을 번쩍 들었습니다. "저를 보내 주세요." 이사야는 하나님의 목소리를 듣고 가만히 있을 수 없었습니다. 하나님을 사랑했기 때문입니다. 고민하시는 하나님, 유다 왕국의 백성들 때문에 속앓이하시는 하나님의 마음을 조금이라도 시원하게 해 드리려는 열정이 있습니다. 당시 유다 왕국의 백성은 무늬만 하나님의 백성이었습니다. 하나님께서 말씀하셔도 귀를 막고 눈을 감고 마음을 닫고 있었습니다. 누군가 유다 백성에게 하나님의 답답한 마음을 전해야 했습니다. 우리의 자녀도 무늬만 그리스도인은 아닌가요? 자녀에게 하나님의 마음을 전할 사람이 필요합니다. 바로 그 사람, 이 시대의 이사야가 필요합니다. 이사야처럼 "저요"라고 손을 번쩍 들어 주세요.

Prayer (1 min)

하늘에 계시는 하나님, 무늬만 그리스도인이었던 저를 용서하소서. 하나님의 마음을 답답하게 해 드렸던 저를 용서하소서. 하나님이 고민하시는 목소리를 듣고도 외면했음을 고백합니다. 하나님의 답답한 마음을 이해할 수 있는 믿음을 주소서. 하나님의 마음을 시원케 해 드리는 백성이 되게 하소서. 저의 귀를 열어 주소서. 저의 눈을 뜨게 하소서. 저의 마음이 하나님을 향하게 하소서. 필요할 땐 ○○(이)에게 하나님의 마음을 담대하게 전할 수 있는 부모 선지자가 되게 하소서. 예수님의 이름으로 기도합니다.

D-57

1 min Word

예레미야 8:18-20

¹⁸슬프다 나의 근심이여 어떻게 위로를 받을 수 있을까 내 마음이 병들었도다 ¹⁹딸 내 백성의 심히 먼 땅에서 부르짖는 소리로다 여호와께서 시온에 계시지 아니한가, 그의 왕이 그 가운데 계시지 아니한가 그들이 어찌하여 그 조각한 신상과 이방의 헛된 것들로 나를 격노하게 하였는고 하시니 ²⁰추수할 때가 지나고 여름이 다하였으나 우리는 구원을 얻지 못한다 하는도다

_____

_____

_____

Cheer (1 min) 예레미야가 응원합니다.

눈물의 선지자 예레미야는 울고 울어서 눈물샘이 말라버렸습니다. 조국을 위해서라면 더 울어야 하는데, 더 이상 쏟아낼 눈물이 없었습니다. 장차 다가올 유다 왕국의 멸망을 돌이킬 수 없었기 때문입니다. 바벨론 군대는 유다의 모든 것을 파괴할 것이며, 백성들을 죽이고 포로로 붙잡아 갈 것입니다. 그리고 더욱 가슴 아픈 것은 하나님의 철저한 외면입니다. 하나님의 가장 큰 진노는 그냥 내버려 두는 것(유기, 롬 1:24)입니다. 어쩌면 우리 민족도, 우리의 다음 세대도 하나님의 외면, 하나님의 유기에 직면하게 될 수도 있습니다. 두렵고 떨립니다. 예레미야처럼 조국의 미래를 가슴에 안고 눈물을 흘리는 사람이 필요합니다. 조국의 미래인 우리의 자녀들을 안고 눈물을 흘릴 부모가 필요합니다.

Prayer (1 min)

왕이신 하나님, 민족을 위해서 울지 못한 저를 용서하소서. 자녀를 위해 눈물로 기도하지 못한 저를 용서하소서. 저의 세상적인 아픔과 상처에만 몰두한 나머지 영적인 현실을 외면했음을 인정합니다. 하나님이 외면하시기 전에, 내버려 두시기 전에 저부터 죄악에서 돌아서게 하소서. 이 민족도 돌아서게 하소서. 예레미야처럼 조국을 위해서, 자녀를 위해서 기도하는 사람을 찾고 계심을 느낍니다. 사랑하는 ○○(이)가 멋진 하나님의 자녀로 성장하고 성숙하게 하소서. 무늬만 그리스도인 아닌 진짜 그리스도인이 되게 하소서. 예수님의 이름으로 기도합니다.

D-56

1 min Word

에스겔 1:1-3

¹서른째 해 넷째 달 초닷새에 내가 그발 강 가 사로잡힌 자 중에 있을 때에 하늘이 열리며 하나님의 모습이 내게 보이니 ²여호야긴 왕이 사로잡힌 지 오 년 그 달 초닷새라 ³갈대아 땅 그발 강 가에서 여호와의 말씀이 부시의 아들 제사장 나 에스겔에게 특별히 임하고 여호와의 권능이 내 위에 있으니라

Cheer (1 min) 에스겔이 응원합니다.

거룩한 제사장의 아들, 25살 에스겔이 바벨론에 강제로 붙잡혀 왔습니다. 그리고 5년 후, 하나님은 에스겔을 선지자로 부르셨습니다. 그 시대는 예레미야가 유다 예루살렘에서 눈물로 부르짖던 시대였습니다. 다니엘이 바벨론 궁전 안에서 보이지 않게 영적 전투를 하던 시대였습니다. 에스겔은 선지자의 사명이 익숙하지 않았습니다. 이방인의 땅은 어색했고 포로의 땅은 생소했습니다. 하지만 에스겔은 예레미야나 다니엘이 그랬던 것처럼 자신만의 사명을 잘 감당했습니다. 그는 포로민들에게 온몸으로 소망의 메시지를 외쳤습니다. 이처럼 각자의 부르심과 사명이 있습니다. 우리도 하나님이 부르신 자리에서 우리만의 사명을 감당해야 합니다. 입시의 포로로 생활하는 자녀에게 소망을 주는 수험생 부모의 사명, 결코 무시해야 할 사명이 아닙니다.

Prayer (1 min)

회복하시는 하나님, 저와 ○○(이)도 어쩌면 에스겔처럼 제국의 포로로 살고 있는지 모르겠습니다. 자본주의 제국의 포로가 되어서 돈의 노예로 살아갑니다. 성공주의 제국의 포로가 되어서 서로 경쟁합니다. 더구나 입시 제국에서 성적과 시험의 굴레를 벗어나지 못하고 있습니다. 저와 ○○(이)를 불쌍히 여겨 주소서. 하지만 저와 ○○(이)는 단순한 포로가 아님을 고백합니다. 포로이기 이전에 하나님의 백성임을 기억하게 하소서. 소망 없는 포로가 아니라 하늘의 소망을 가진 하나님의 백성임을 기억하게 하소서. 그리고 에스겔처럼 그 소망을 주변 사람에게 전하게 하소서. 예수님의 이름으로 기도합니다.

D-55

1 min Word

다니엘 1:7-9

⁷환관장이 그들의 이름을 고쳐 다니엘은 벨드사살이라 하고 하나냐는 사드락이라 하고 미사엘은 메삭이라 하고 아사랴는 아벳느고라 하였더라 ⁸다니엘은 뜻을 정하여 왕의 음식과 그가 마시는 포도주로 자기를 더럽히지 아니하리라 하고 자기를 더럽히지 아니하도록 환관장에게 구하니 ⁹하나님이 다니엘로 하여금 환관장에게 은혜와 긍휼을 얻게 하신지라

_____

_____

_____

Cheer (1 min) 다니엘이 응원합니다.

주전 605년 유다 왕국이 멸망하자, 왕족 다니엘은 바벨론에 포로로 잡혀갔습니다. 다니엘은 포로로 끌려가면서 자신만은 더럽히지 않겠다고 뜻을 정했습니다. 그래서 왕이 주는 음식과 포도주를 단호하게 거부했습니다. 여기까지 너무 멋집니다. 하지만 이상한 것이 있습니다. 다니엘은 왜 이름을 바벨론 식으로 바꾼 걸까요? 왜 점성술과 바벨론어를 배운 걸까요? 다니엘이 정했던 정결함의 기준이 무엇인지 궁금해집니다. 적어도 다니엘은 하나님 대신 다른 왕에게 굴복하는 것은 허용하지 않기로 정했던 것 같습니다. 다른 것은 다 양보해도 하나님을 양보할 수는 없었던 것입니다. 우리도 어쩌면 제국의 포로입니다. 다른 것은 순응할 수 있습니다. 하지만 하나님의 왕 되심을 인정하는 일을 포기해선 안 됩니다. 어떠한 상황에서도.

Prayer (1 min)

만왕의 왕이신 하나님, 저와 ○○(이)가 입시를 준비하면서 많은 것을 포기한 채 생활하고 있음을 알고 계십니다. 하지만 우리가 하나님만은 포기하지 않도록 도와주소서. 다니엘처럼 거룩한 뜻과 기준을 정할 수 있도록 도와주소서. 하나님을 예배하고 하나님을 기억하고 하나님을 의지하는 일은 결코 포기하지 않게 하소서. 날마다 하나님의 왕 되심을 인정하게 하소서. 비록 ○○(이)가 다니엘처럼 세상 학문을 배우며 세상 문화에 순응하고 있지만, 자신이 하나님의 백성이라는 것을 잊지 않게 하소서. 예수님의 이름으로 기도합니다.

D-54

1 min Word

호세아 12:5-6

⁵여호와는 만군의 하나님이시라 여호와는 그를 기억하게 하는 이름이니라 ⁶그런즉 너의 하나님께로 돌아와서 인애와 정의를 지키며 항상 너의 하나님을 바랄지니라

_____

_____

_____

Cheer 호세아가 응원합니다.

고멜은 남자관계가 복잡한 음란한 여자였습니다. 하나님은 호세아에게 고멜과 결혼하라고 명령하셨고 호세아는 순종했습니다. 하지만 고멜은 3명의 자녀를 낳은 후에도 음행을 저질렀습니다. 호세아의 속은 새까맣게 타들어갔습니다. 하지만 하나님은 다시 고멜을 조건 없이 맞이하라고 하셨고 호세아는 그렇게 했습니다. 그리고 호세아는 북왕국 백성에게 "하나님께 돌아가자"라고 외쳤습니다. 백성들은 호세아가 전해준 하나님의 마음을 실감 나게 느꼈습니다. 호세아의 드라마 같은 결혼생활을 잘 알고 있었기 때문입니다. 하나님의 마음은 이렇게 전하는 것입니다. 호세아처럼 삶으로 전하는 것입니다. 그럴 때 힘이 있는 것입니다. 부모가 잔소리처럼 전하는 백 마디 지시보다, 생활 속에서 전하는 마음을 담은 한마디의 격려와 응원이 더 능력이 있습니다.

Prayer

용서와 사랑을 베푸시는 하나님, 삶으로 하나님을 전한 호세아 선지자처럼 저도 ○○(이)에게 본이 되는 삶을 살게 하소서. 저는 말씀대로 살지 않으면서 ○○(이)에게 말씀대로 살라고 강요하지 않게 하소서. 저는 성실하지 않으면서 ○○(이)에게 성실하게 공부하라고 윽박지르지 않게 하소서. 저의 삶이 ○○(이)에게 말하게 하소서. 잔소리를 줄일 수 있는 절제력을 주소서. 마음을 다해 전하는 저의 응원과 격려가 ○○(이)의 마음에 잘 전달될 수 있도록 도와주소서. 예수님의 이름으로 기도합니다.

D-53

1 min Word

요엘 2:12-14

¹²여호와의 말씀에 너희는 이제라도 금식하고 울며 애통하고 마음을 다하여 내게로 돌아오라 하셨나니 ¹³너희는 옷을 찢지 말고 마음을 찢고 너희 하나님 여호와께로 돌아올지어다 그는 은혜로우시며 자비로우시며 노하기를 더디하시며 인애가 크시사 뜻을 돌이켜 재앙을 내리지 아니하시나니 ¹⁴주께서 혹시 마음과 뜻을 돌이키시고 그 뒤에 복을 내리사 너희 하나님 여호와께 소제와 전제를 드리게 하지 아니하실는지 누가 알겠느냐

Cheer 요엘이 응원합니다.

영화 〈행복을 찾아서〉의 실제 주인공 크리스 가드너는 노숙자에서 성공한 기업가로 변화된 사람입니다. 크리스 가드너는 《늦었다고 생각할 때 해야 할 42가지》(Start Where You Are)라는 책도 썼습니다. 늦었다고 생각할 때가 가장 빠르니 지금 그 자리에서 시작하라는 내용입니다. 하나님은 요엘에게 장차 북쪽 나라의 군대가 메뚜기 떼처럼 쳐들어올 것을 알려 주셨습니다. 그것은 하나님의 심판이었습니다. 요엘은 심판을 피할 수 있는 기회는 "바로 지금"이라고 강조했습니다. 회개의 골든 타임은 "바로 지금"입니다. 너무 멀리 왔다고 생각된다면 바로 지금 하나님께로 돌아갑시다. 하나님은 탕자의 아버지처럼 우리가 돌아오기만 기다리십니다. 입시도 마찬가지입니다. 50일밖에 남지 않았다는 생각에 초조합니까? 바로 지금 다시 시작해 봅시다.

Prayer

사랑이 많으신 하나님, 항상 우리를 기다려 주시고 용서해 주시니 감사합니다. 저와 ○○(이)가 입시를 핑계로 하나님을 멀리 떠나 있다면 지금이라도 돌아가게 하소서. 회개의 골든 타임인 바로 지금 회개하게 하소서. 입시 준비도 50일밖에 남지 않았다는 부정적인 생각을 버리게 하소서. 50일이나 남았다는 밝은 생각을 가지고 끝까지 최선을 다하게 하소서. 회개나 입시 준비나 바로 지금이라는 골든 타임을 놓치지 않게 하소서. 예수님의 이름으로 기도합니다.

D-52

1 min Word

아모스 5:4-6

⁴여호와께서 이스라엘 족속에게 이와 같이 말씀하시기를 너희는 나를 찾으라 그리하면 살리라 ⁵벧엘을 찾지 말며 길갈로 들어가지 말며 브엘세바로도 나아가지 말라 길갈은 반드시 사로잡히겠고 벧엘은 비참하게 될 것임이라 하셨나니 ⁶너희는 여호와를 찾으라 그리하면 살리라 그렇지 않으면 그가 불 같이 요셉의 집에 임하여 멸하시리니 벧엘에서 그 불들을 끌 자가 없으리라

_____

_____

_____

Cheer 아모스가 응원합니다.

1 min

주전 8세기는 북이스라엘이 제일 잘 나갈 때였습니다. 솔로몬 때에 버금가는 영토를 확장했습니다. 무역을 통해 부자 나라가 됐습니다. 하지만 불의한 재판, 극심한 빈부격차, 부자들의 사치와 성적 타락, 가난한 자들의 노예 전락, 종교인들의 타락으로 악취가 진동했습니다. 그때 아모스는 1인 시위를 했습니다. 피켓에는 이렇게 썼습니다. "나를 구하라 그리하면 살리라." 북이스라엘을 살리려는 하나님의 말씀이었습니다. 사실 아모스도 부자였습니다. 드고아에서 목장과 뽕나무 밭을 크게 운영해서 편하게 살 수 있었습니다. 하지만 그는 하나님이 부르실 때 부자의 삶을 포기하고 기꺼이 헌신했습니다. 하나님 나라의 부자가 되고 싶었기 때문입니다. 자녀의 입시는 하나님의 나라를 위한 것인가요? 세상 나라를 위한 것인가요?

Prayer

1 min

우리를 살려 주시는 하나님, 21세기 우리나라의 상황이 8세기 북이스라엘의 상황과 비슷합니다. 이 땅과 백성들을 불쌍히 여기시고 살려 주소서. 부족하지만 저를 사용하시고 ○○(이)를 사용하소서. 저희의 삶의 현장에서 하나님을 추구하면 살게 된다는 메시지를 전하게 하소서. 하나님이 부르실 때, 아모스처럼 저의 것을 내려놓고 기꺼이 헌신하게 하소서. 세상에서 부요한 자가 되려 하기보다 하나님 나라에서 부요한 자가 되려고 힘쓰게 하소서. 예수님의 이름으로 기도합니다.

D-51

1 min Word

오바댜 1:3-4

³너의 마음의 교만이 너를 속였도다 바위 틈에 거주하며 높은 곳에 사는 자여 네가 마음에 이르기를 누가 능히 나를 땅에 끌어내리겠느냐 하니 ⁴네가 독수리처럼 높이 오르며 별 사이에 깃들일지라도 내가 거기에서 너를 끌어내리리라 여호와의 말씀이니라

1 min
Cheer 오바댜가 응원합니다.

오바댜는 '여호와의 종'이라는 좋은 뜻의 이름입니다. 그런 탓인지 구약에만 총 13명의 오바댜가 나옵니다. 이스라엘의 부모들은 자녀가 여호와의 종이 되어 하나님을 잘 섬기길 바랐던 모양입니다. 선지자 오바댜도 그 이름에 어울리게 멋진 삶을 살았습니다. 그의 메시지는 21절의 짧은 분량이었지만 영향력은 강력했습니다. 하나님은 교만한 자를 반드시 낮추시니, 절대로 교만하지 말라는 메시지입니다. 오바댜는 교만한 에돔이 멸망 당한 역사를 예로 들었습니다. 오바댜가 밝힌 빨간 경고등을 무시하지 맙시다. 교만은 패망의 선봉이요 넘어짐의 앞잡이입니다. 하나님 앞에서, 사람 앞에서, 인생 앞에서 겸손한 자가 됩시다.

1 min
Prayer

겸손한 자를 사랑하시는 하나님, 저와 ○○(이)를 하나님의 종으로 불러 주시니 감사합니다. 저와 ○○(이)가 주인 되신 하나님을 겸손하게 사랑하는 종이 되게 하소서. 또한 오늘 하루 만나는 모든 사람 앞에서 겸손한 종이 되게 하소서. 특히 ○○(이)는 수능이라는 인생의 과제 앞에서 겸손하게 하소서. 겸손하게 최선을 다하게 하소서. 각자의 삶의 자리에 하나님과 모든 사람과 모든 상황 앞에서 겸손해지게 하시고 하나님만 의지하는 신실한 하나님의 종이 되게 하소서. 예수님의 이름으로 기도합니다.

아무 일에든지 다툼이나 허영으로 하지 말고 오직 겸손한 마음으로 각각 자기보다 남을 낫게 여기고
_ 빌립보서 2장 3절

D-50
~
D-41

D-50

1 min Word

요나 4:9-11

⁹하나님이 요나에게 이르시되 네가 이 박넝쿨로 말미암아 성내는 것이 어찌 옳으냐 하시니 그가 대답하되 내가 성내어 죽기까지 할지라도 옳으니이다 하니라 ¹⁰여호와께서 이르시되 네가 수고도 아니하였고 재배도 아니하였고 하룻밤에 났다가 하룻밤에 말라 버린 이 박넝쿨을 아꼈거든 ¹¹하물며 이 큰 성읍 니느웨에는 좌우를 분변하지 못하는 자가 십이만여 명이요 가축도 많이 있나니 내가 어찌 아끼지 아니하겠느냐 하시니라

1 min Cheer 요나가 응원합니다.

고집부리기 경연대회를 한다면 요나가 우승할 겁니다. 요나는 니느웨로 가라는 하나님의 명령을 무시한 채 자기 고집대로 다시스로 갑니다. 하나님은 큰 폭풍과 큰 물고기를 통해 요나를 니느웨로 옮겨놓았습니다. 그러나 요나는 몸만 니느웨에 와 있을 뿐, 생각은 바뀌지 않았습니다. 요나는 이스라엘만 하나님의 백성으로 선택받았다는 선민사상에 빠져 있었습니다. 하지만 하나님은 그렇지 않았습니다. 하나님은 12만 니느웨 사람들도 사랑하셨고 그들도 당신의 백성이 되길 원하셨습니다. 그러나 요나는 죽어도 자기 생각이 옳다고 고집을 부렸습니다. 요나의 모습이 우리의 모습입니다. 혹시 하나님을 향한 고집, 자녀를 향한 고집이 있다면 빨리 내려놓읍시다. 하나님을 이길 사람 없고 자녀 이길 부모 없습니다. 요나처럼 고생만 할 뿐입니다.

1 min Prayer

모든 사람을 품어 주시는 하나님, 요나의 고집스러운 모습이 저의 모습이었음을 고백합니다. 저는 하나님께 기도할 때 제가 원하는 대로 되기만을 바랐습니다. 하나님이 무엇을 원하시는지 중요하지 않았습니다. 하나님의 생각과 마음보다는 저의 생각과 마음이 우선이었음을 고백합니다. 용서하여 주소서. 자녀에게도 저의 생각을 강요했음을 인정합니다. ○○(이)가 스스로 하나님의 음성을 듣게 하시고 저는 ○○(이)가 하나님께 순종할 수 있도록 곁에서 잘 돕게 하소서. 하나님, 저의 고집을 내려놓게 하소서. 예수님의 이름으로 기도합니다.

D-49

1 min Word

미가 6:10-12

¹⁰악인의 집에 아직도 불의한 재물이 있느냐 축소시킨 가증한 에바가 있느냐 ¹¹내가 만일 부정한 저울을 썼거나 주머니에 거짓 저울추를 두었으면 깨끗하겠느냐 ¹²그 부자들은 강포가 가득하였고 그 주민들은 거짓을 말하니 그 혀가 입에서 거짓되도다

Cheer (1 min) 미가가 응원합니다.

이사야서는 분량이 많아 대선지서, 미가서는 분량이 적어 소선지서로 분류합니다. 그런데 그거 아십니까? 이사야와 미가는 동시대에 비슷한 메시지를 전한 선지자들이라는 것을. 이사야는 왕실과 도시를 중심으로, 미가는 시골과 촌락을 중심으로 활동했을 뿐 둘 다 하나님이 아끼시는 하나님의 종이었습니다. 어쩌면 대선지자와 소선지자를 나누는 것은 세상적인 기준일 수 있습니다. 세상은 많은 것, 높은 것만을 성공이라고 생각합니다. 지잡대, 인서울, 스카이. 이 시대가 정해 놓은 대학의 서열. 우리는 우리의 자녀가 되도록이면 그 서열 앞쪽에 서 있길 기대합니다. 그런데 하나님도 그것을 원하실까요? 기억합시다. 하나님은 대선지자, 소선지자를 구분하신 적이 없습니다. 하나님의 시선으로 자녀를 봅시다.

Prayer (1 min)

사랑으로 우리를 바라보시는 하나님, 저와 ○○(이)를 외모를 보지 않고 사랑해 주셔서 감사합니다. 하지만 저는 ○○(이)가 최고가 되기만을 원했습니다. ○○(이)를 세상의 가치관으로 바라보며 실망하고 좌절했음을 용서해 주소서. 높은 것을 큰 것이라고 생각하고, 낮은 것을 작은 것이라 생각했던 저를 용서해 주소서. 하나님은 모두를 귀하게 여기신다는 것을 깨닫게 하소서. 하나님의 시선으로 ○○(이)를 바라보며 축복하게 하소서. ○○(이)도 자신의 많고 적음 때문에 교만하거나 좌절하지 않게 하소서. ○○(이)도 자신을 하나님의 눈으로 자기를 바라보고 사랑하게 하소서. 예수님의 이름으로 기도합니다.

D-48

1 min Word

나훔 1:1-3

¹니느웨에 대한 경고 곧 엘고스 사람 나훔의 묵시의 글이라 ²여호와는 질투하시며 보복하시는 하나님이시니라 여호와는 보복하시며 진노하시되 자기를 거스르는 자에게 여호와는 보복하시며 자기를 대적하는 자에게 진노를 품으시며 ³여호와는 노하기를 더디하시며 권능이 크시며 벌 받을 자를 결코 내버려두지 아니하시느니라 여호와의 길은 회오리바람과 광풍에 있고 구름은 그의 발의 티끌이로다

Cheer (1 min) 나훔이 응원합니다.

질투, 보복, 진노라는 표현은 하나님과 어울리지 않습니다. 그런데 하나님은 니느웨를 향해서는 서슴없이 질투하고 보복하며 진노하시겠다고 하셨습니다. 니느웨가 변했기 때문입니다. 100년 전 니느웨는 요나가 전한 구원의 메시지를 듣고 하나님의 백성이 되었습니다. 그러나 100년 후 니느웨는 하나님을 대적하는 원수로 변했습니다. 안타깝게도 이전으로 돌아간 것입니다. 결국 니느웨는 나훔이 전하는 심판의 메시지를 받는 처지가 되었습니다. 하나님은 지금 우리 가정에 구원의 메시지를 전달하실까요? 이전에 하나님을 잘 믿었다는 추억은 아무 소용없습니다. 오늘도 어제처럼 하나님을 잘 믿고 사랑하는 것이 중요합니다. 항상 두렵고 떨리는 마음으로 하나님만 사랑하는 가정이 되게 해달라고 기도합시다.

Prayer (1 min)

질투하시는 하나님, 하나님을 잘 믿었다는 추억만으로 현재의 나태함을 덮어 버리지 않게 하소서. 오늘도 어제처럼 하나님을 잘 믿게 도와주소서. 지금도 이전처럼 하나님을 뜨겁게 사랑하게 하소서. 믿음의 추억만 먹고 살려고 하지 않게 하소서. 100년 후에도 믿음을 지속하는 가문이 되게 하소서. ○○(이)의 자녀의 후손들까지 하나님을 기억하는 가정이 되게 하소서. 하나님은 질투하시며 보복하시며 진노하실 수 있는 분임을 항상 깨닫게 하소서. ○○(이)도 하나님을 두렵고 떨리는 마음을 믿고 따르게 하소서. 예수님의 이름으로 기도합니다.

D-47

1 min Word

하박국 2:4b, 3:17-18

⁴ᵇ의인은 그의 믿음으로 말미암아 살리라
¹⁷비록 무화과나무가 무성하지 못하며 포도나무에 열매가 없으며 감람나무에 소출이 없으며 밭에 먹을 것이 없으며 우리에 양이 없으며 외양간에 소가 없을지라도 ¹⁸나는 여호와로 말미암아 즐거워하며 나의 구원의 하나님으로 말미암아 기뻐하리로다

Cheer (1 min)

하박국이 응원합니다.

"무화과나무 잎이 마르고 포도 열매 없어도." 경쾌하게 부르는 찬양입니다. 하지만 이 찬양의 배경을 알게 되면 등골이 서늘해질 것입니다. 하박국은 하나님께 항의했습니다. "어떻게 세상에서 가장 악한 바벨론이 유다를 심판할 수 있습니까? 이해할 수 없습니다." 하나님은 친절하게 대답해 주셨고, 그제야 하박국은 하나님의 깊은 뜻을 이해했습니다. 더 나아가 하박국은 바벨론의 침략 때문에 모든 것이 없어진다 해도, 믿음으로 살겠다고 고백했습니다. 여기서 믿음은 히브리 원문으로 버팀(에무나)입니다. 하박국은 전쟁 상황 속에서도 하나님만 바라보면서 버틸 수 있다고 고백한 것입니다. 의인은 믿음(버팀)으로 사는 사람입니다.

Prayer (1 min)

우리의 주인 되신 하나님, 하나님은 저와 ○○(이)의 주인이심을 고백합니다. 주인 되신 하나님께 모든 것을 맡겨 드립니다. 대입의 결과가 우리가 원하는 대로 나오지 않을지라도 실망하거나 좌절하지 않게 하소서. 남은 시간 우리가 할 수 있는 만큼 성실하게 최선을 다하게 하소서. 그리고 결과는 주님께 맡기게 하소서. ○○(이)의 대입 수험생 활이 하나님을 신뢰하며 믿음으로 걸어가는 과정이 되게 하소서. 하나님을 신뢰함으로 순간순간을 버티는 에무나의 과정이 되게 하소서. 예수님의 이름으로 기도합니다.

D-46

1 min Word

스바냐 3:16-17

¹⁶그 날에 사람이 예루살렘에 이르기를 두려워하지 말라 시온아 네 손을 늘어뜨리지 말라 ¹⁷너의 하나님 여호와가 너의 가운데에 계시니 그는 구원을 베푸실 전능자이시라 그가 너로 말미암아 기쁨을 이기지 못하시며 너를 잠잠히 사랑하시며 너로 말미암아 즐거이 부르며 기뻐하시리라 하리라

_____

_____

_____

1 min Cheer 스바냐가 응원합니다.

유다 왕국은 더 이상 하나님의 나라가 아니었습니다. 곳곳에 우상이 넘쳐났고 심지어 거룩한 성전에 아세라 여신상이 세워졌습니다. 타락과 죄악이 극에 달했습니다. 그 가운데 믿음을 지켜내던 남은 자들이 있었습니다. 그러나 남은 자들의 마음도 점점 무너졌습니다. 버티고 견디던 믿음이 흔들렸습니다. 눈물만 흘러내렸습니다. 더 이상 축 처진 어깨로는 기도의 손을 모을 수 없었습니다. 바로 그때 스바냐 선지자가 외쳤습니다. "하나님이 당신 안에 살아 계세요. 당신을 사랑하세요. 보세요. 당신을 보며 웃고 계시잖아요." 이 응원 메시지는 우리를 향한 메시지이기도 합니다. 이 시대의 바알에게 무릎 꿇지 않은 21세기의 남은 자인 우리에게도 전해주는 응원 메시지입니다. 다시 힘을 내봅시다.

1 min Prayer

홀로 두지 않으시는 하나님, 한 가정의 믿음의 버팀목으로 산다는 것이 매우 힘이 듭니다. 홀로 있는 것 같습니다. 보이는 현실은 기도하는 것과 정반대입니다. 왜 기도하는데 현실은 그대로일까요? 저만 애쓰는 것 같아 마음이 힘듭니다. 저의 축 처진 어깨를 다시 올려 주소서. 저의 손을 다시 모아 기도할 수 있도록 도와주소서. 하나님이 제 안에 능력을 주시면 됩니다. 방전된 저의 심령에 성령의 능력을 충만하게 채워 주소서. 예수님의 이름으로 기도합니다.

D-45

1 min Word

학개 2:4-5

⁴그러나 여호와가 이르노라 스룹바벨아 스스로 굳세게 할지어다 여호사닥의 아들 대제사장 여호수아야 스스로 굳세게 할지어다 여호와의 말이니라 이 땅 모든 백성아 스스로 굳세게 하여 일할지어다 내가 너희와 함께 하노라 만군의 여호와의 말이니라 ⁵너희가 애굽에서 나올 때에 내가 너희와 언약한 말과 나의 영이 계속하여 너희 가운데에 머물러 있나니 너희는 두려워하지 말지어다

Cheer (1 min) 학개가 응원합니다.

주전 538년, 약 5만 명이 풍요로운 바벨론을 포기하고 척박한 예루살렘으로 돌아왔습니다. 그들은 성전 재건을 위해 땅을 다졌습니다. 하지만 얼마 후 사마리아인이 방해했고 든든한 후원자 고레스 황제도 죽었습니다. 건축 자재와 기술자도 부족했습니다. 결국 성전 재건이 15년 동안 멈췄습니다. 스룹바벨 총독과 여호수아 대제사장과 백성들은 무기력해졌습니다. 바로 그때 하나님은 학개를 보내셔서 "스스로 굳세게 할지어다(Be strong)"라고 말씀하셨습니다. 힘내라는 하나님의 응원의 메시지였습니다. 혹시 하다가 멈추고 있는 하나님의 일이 있습니까? 다시 시작해 봅시다. 하나님은 언제나 도와주실 준비를 하고 계십니다. 입시 마무리도 마찬가지입니다. 오늘 1%만 움직여 봅시다. 40일 후에는 40%, 100일 후에는 100% 달라져 있을 겁니다.

Prayer (1 min)

우리를 굳세게 하시는 하나님, 저와 ○○(이)를 향해서 언제나 힘내라고 격려해 주시니 감사합니다. 또한 언제나 도와주실 준비를 하고 기다려 주시니 감사합니다. 저와 ○○(이)가 여러 가지 어려움과 장애물 때문에 그동안 멈추고 있었던 일들이 있습니다. 그 일들을 다시 시작할 수 있는 힘과 용기를 불어넣어 주소서. 입시 마무리도 잘 감당하게 하소서. 저와 ○○(이)가 스스로 마음을 굳게 먹고 강해질 수 있도록 도와주소서. 오늘부터 다시 시작하게 하소서. 예수님의 이름으로 기도합니다.

D-44

1 min Word

스가랴 1:3-4

³그러므로 너는 그들에게 말하기를 만군의 여호와께서 이처럼 이르시되 너희는 내게로 돌아오라 만군의 여호와의 말이니라 그리하면 내가 너희에게로 돌아가리라 만군의 여호와의 말이니라 ⁴너희 조상들을 본받지 말라 옛적 선지자들이 그들에게 외쳐 이르되 만군의 여호와께서 이같이 말씀하시기를 너희가 악한 길, 악한 행위를 떠나서 돌아오라 하셨다 하나 그들이 듣지 아니하고 내게 귀를 기울이지 아니하였느니라 여호와의 말이니라

_____

_____

_____

Cheer 스가랴가 응원합니다.

반면교사(反面教師). 반대편 나쁜 쪽만 본을 보여 주는 선생이라는 뜻입니다. 스가랴는 과거 유다가 하나님을 떠나 멸망 당했던 역사를 반면교사로 기억하자고 했습니다. 포로 귀환자 5만 명에게 "하나님께로 돌아가자"고 외쳤습니다. 우리가 하나님께 한 걸음 다가서면, 하나님은 우리에게 열 걸음, 백 걸음 달려오는 분입니다. 맨발로 뛰어나가 다시 돌아온 탕자를 와락 안아준 아버지처럼 우리를 맞아 주실 것입니다. 우리는 종종 하나님을 떠나 내 뜻대로 삽니다. 그러다 죄를 깨닫고 하나님께 돌아가 죄송하다고 고백합니다. 그러면 하나님은 외면하지 않으시고 다시 그 넓은 품으로 안아 주십니다. 우리는 지금 어디에 있습니까? 자녀가 말없이 지켜보고 있습니다. 혹시라도 자녀가 우리를 반면교사로 삼는 일은 없어야 하겠죠.

Prayer

넓은 품으로 안아 주시는 하나님, 항상 제가 돌아올 때까지 기다려 주시니 감사합니다. 그리고 제가 한 걸음 다가설 때 열 걸음, 백 걸음 더 달려와 주셔서 감사합니다. 또다시 탕자처럼 내 뜻대로 내 맘대로 행동한 것을 용서하소서. 죄를 깨닫고 하나님께로 돌아갈 수 있도록 도와주소서. 매 순간 악한 길에서 돌아서길 원합니다. 또한 저를 지켜보고 있는 ○○(이)가 저를 반면교사로 삼는 일이 없도록 도와주소서. 좋은 믿음의 본을 보일 수 있는 부모가 되게 하소서. 예수님의 이름으로 기도합니다.

D-43

1 min Word

말라기 4:1-2

¹만군의 여호와가 이르노라 보라 용광로 불 같은 날이 이르리니 교만한 자와 악을 행하는 자는 다 지푸라기 같을 것이라 그 이르는 날에 그들을 살라 그 뿌리와 가지를 남기지 아니할 것이로되 ²내 이름을 경외하는 너희에게는 공의로운 해가 떠올라서 치료하는 광선을 비추리니 너희가 나가서 외양간에서 나온 송아지 같이 뛰리라

1 min Cheer 말라기가 응원합니다.

마라톤 선수들이 숨이 턱턱 막혀도 계속 달리는 이유가 있습니다. 피니쉬 라인(결승선)이 있기 때문입니다. 결승선은 마라톤 선수에게 희망입니다. 결승선을 통과하는 자신의 모습을 상상하며 순간순간의 고통을 이겨 냅니다. 말라기 선지자는 이 세상의 피니쉬 라인, 이 세상의 마지막 날을 소개했습니다. 그날이 되면 악인은 용광로의 지푸라기처럼 사라질 것입니다. 하지만 의인은 하나님의 치료의 빛을 받아 새롭게 될 것입니다. 갓 태어난 송아지가 뛰는 것처럼 기뻐하게 될 것입니다. 우리도 하박국이 소개한 결승선을 통과하게 될 것입니다. 오늘 하루의 고난을 또 견뎌 냅시다. 피니쉬 라인에 서서 우리를 기다리시는 예수님을 바라봅시다. 지금까지 잘 달려온 당신을 응원합니다.

1 min Prayer

공의로우신 하나님, 길고 긴 입시의 나날을 은혜 가운데 지나오게 하시니 감사합니다. ○○(이)가 입시경주의 결승선에서 공정한 심판을 받기를 원합니다. ○○(이)가 요행을 바라지 않고 끝까지 완주하게 하소서. ○○(이)가 땀 흘린 대로, 인내한 그대로 열매를 맺게 하소서. 입시의 남은 과정 가운데 실수가 없도록 지혜와 명철을 주소서. 평상시에 연습한 대로, 배웠던 그대로 수능 당일에 정당한 평가를 받게 하소서. ○○(이)가 입시의 결승선에 영광스럽게 골인하는 기쁨의 순간을 상상해 봅니다. ○○(이)를 지켜주소서. 예수님의 이름으로 기도합니다.

D-42

1 min Word

마태복음 1:18-21

18예수 그리스도의 나심은 이러하니라 그의 어머니 마리아가 요셉과 약혼하고 동거하기 전에 성령으로 잉태된 것이 나타났더니 19그의 남편 요셉은 의로운 사람이라 그를 드러내지 아니하고 가만히 끊고자 하여 20이 일을 생각할 때에 주의 사자가 현몽하여 이르되 다윗의 자손 요셉아 네 아내 마리아 데려오기를 무서워하지 말라 그에게 잉태된 자는 성령으로 된 것이라 21아들을 낳으리니 이름을 예수라 하라 이는 그가 자기 백성을 그들의 죄에서 구원할 자이심이라 하니라

Cheer (1 min) 요셉이 응원합니다.

어느 날 하나님이 나사렛 요셉의 인생 속으로 훅 하고 들어오셨습니다. 하나님은 요셉의 약혼녀 마리아의 몸 안에 아들을 잉태시켰습니다. 그 아들은 장차 메시아가 될 거라 말씀하셨습니다. 요셉은 아직 결혼식도 안 하고 여자도 모르는 총각인데 아빠가 되다니. 받아들이기 힘든 갑작스런 하나님의 요구였습니다. 하지만 요셉은 순종했습니다. 평상시 하나님과의 관계가 좋았기 때문에 가능한 일이었을 것입니다. 하나님은 이미 알고 계셨던 겁니다. 하나님이 훅 하고 들어가도, 요셉은 척 하고 받아들일 믿음이 있었다는 것을. 아빠 요셉은 예수님의 발판이 되었습니다. 어쩌면 하나님은 입시를 준비 중인 우리에게도 훅 들어오실 수 있습니다. 그때 당황하지 말고 하나님이 행하시는 신비로운 일들을 맞이합시다.

Prayer (1 min)

신비로우신 하나님, 하나님의 일하시는 방법은 저의 머리로는 이해할 수도, 상상할 수도 없음을 고백합니다. 하나님께서 저와 ○○(이)의 삶 속에 훅 하고 들어오셔도 척 하고 반응할 수 있는 믿음을 주소서. 하나님이 저와 ○○(이)의 삶에 행하시는 모든 일에 대해서 "아멘" 하게 하소서. 요셉과 마리아가 메시아 사역의 발판과 밑거름이 되었듯이, 저도 ○○(이)의 발판과 밑거름의 역할을 잘 감당하게 하소서. 예수님의 이름으로 기도합니다.

D-41

1 min Word

누가복음 1:34-35

³⁴마리아가 천사에게 말하되 나는 남자를 알지 못하니 어찌 이 일이 있으리이까 ³⁵천사가 대답하여 이르되 성령이 네게 임하시고 지극히 높으신 이의 능력이 너를 덮으시리니 이러므로 나실 바 거룩한 이는 하나님의 아들이라 일컬어지리라

_____

_____

_____

Cheer · 1 min
마리아가 응원합니다.

메시아의 엄마가 된다는 것. 엄청난 비전(vision)이었습니다. 그러나 문제가 많았습니다. 마리아는 처녀였습니다. 정혼 기간에 처녀가 임신하면 사형감이었습니다. 게다가 마리아는 찢어지게 가난했고 깡촌 나사렛 출신이었습니다. 메시아의 엄마가 되기에는 턱없이 부족했습니다. 그래서 마리아는 천사에게 반문했습니다. "어찌 이 일이 있으리이까." 천사의 대답은 간단명료했습니다. 성령님이면 가능하다고 했습니다. 하나님의 능력이 마리아를 덮으시면 가능하다고 했습니다. 성령님께 불가능한 일은 없습니다. 성령님께 부탁하십시오. 하나님의 능력으로 자녀를 덮어 달라고. 성령의 능력이 자녀에게 임하시면, 자녀 안에 있던 가능성들이 성령의 능력에 의해 화학반응을 일으킬 겁니다.

Prayer · 1 min

모든 것이 가능하신 하나님, ○○(이)를 향하신 하나님의 놀라운 비전이 있다는 것을 알게 하시니 감사합니다. 우리는 가난하나 하나님은 부요하시고 우리는 능력이 없으나 하나님은 전능하심을 고백합니다. ○○(이)를 하나님의 손에 올려놓습니다. 하나님의 능력으로 ○○(이)를 덮어 주소서. 성령님께서 ○○(이)를 통치하시고 지배하여 주소서. ○○(이)의 능력으로는 불가능한 일도 성령님의 능력으로는 가능할 줄 믿습니다. 성령님의 능력과 ○○(이)의 가능성이 화학반응을 일으키게 해 주소서. 예수님의 이름으로 기도합니다.

하나님을 따라 의와 진리의 거룩함으로 지으심을 받은 새 사람을 입으라

_ 에베소서 4장 24절

D-40

1 min Word

마가복음 1:3-5

³광야에 외치는 자의 소리가 있어 이르되 너희는 주의 길을 준비하라 그의 오실 길을 곧게 하라 기록된 것과 같이 ⁴세례 요한이 광야에 이르러 죄 사함을 받게 하는 회개의 세례를 전파하니 ⁵온 유대 지방과 예루살렘 사람이 다 나아가 자기 죄를 자복하고 요단 강에서 그에게 세례를 받더라

Cheer (1 min)

세례 요한이 응원합니다.

인적 없는 사막에서 메뚜기를 잡아먹고, 돌에서 꿀을 캐 먹는 남자가 있었습니다. 패션도 독특합니다. 낙타 털옷을 반쯤 걸쳤습니다. TV프로 〈나는 자연인이다〉에 나옴 직한 생활을 했던 이 남자는 세례 요한입니다. 혹시 그를 욜로(YOLO)족으로 오해할 수 있을 겁니다. 물론 세례 요한은 인생이 한 번뿐이라는 것쯤은 잘 알고 있었습니다. 하지만 그는 즐기는 쪽보다는 불태우는 쪽을 선택했습니다. 400년 동안 하나님의 말씀이 없던 영적 암흑기를 끝내고, 새로운 메시아의 시대를 밝히는 횃불이 되는 쪽으로 집중했습니다. 그래서 세례 요한은 메시아를 위해서 먹는 것, 입는 것, 말하는 것을 단순화한 것입니다. 입시 준비, 단순한 일상이 반복되는 광야 생활입니다. 그러나 우리의 횃불을 준비하는 시간이므로 오늘도 즐겁게 버텨 봅시다.

Prayer (1 min)

준비된 자를 사용하시는 하나님, 오늘도 저와 ○○(이)에게 미래를 준비할 기회를 주셔서 감사합니다. 오늘도 단순한 일상이 반복되겠지만 즐겁게 잘 버틸 수 있도록 도와주소서. 세례 요한처럼 먹는 것과 입는 것부터 모든 일상을 단순화시킬 수 있는 지혜를 주소서. 욕심으로 생기는 복잡함을 내려놓을 수 있는 용기를 주소서. 하나님이 사용하실 미래의 횃불이 되기 위해 오늘도 저와 ○○(이)가 최선을 다하도록 도와주소서. 그리고 장차 ○○(이)가 어두운 세상을 밝히는 하나님의 횃불이 되게 하소서. 예수님의 이름으로 기도합니다.

D-39

1 min Word

누가복음 2:51-52

⁵¹예수께서 함께 내려가사 나사렛에 이르러 순종하여 받드시더라 그 어머니는 이 모든 말을 마음에 두니라 ⁵²예수는 지혜와 키가 자라가며 하나님과 사람에게 더욱 사랑스러워 가시더라

1 min Cheer — 예수님이 응원합니다.

예수님은 슈퍼히어로처럼 세상에 등장하실 수 있었습니다. 우주 저편에서 나타나 십자가에서 죽으신 후 그 자리에서 다시 살아나 슝 하고 사라질 수 있었습니다. 하지만 예수님은 베들레헴에서 탄생해 십자가에서 죽으시기까지 33년을 오롯이 살아내셨습니다. 하나도 생략하지 않으셨습니다. 오히려 치열하게 성장하고 성숙하셨습니다. 회당에서의 토론을 시작으로, 히브리어와 헬라어, 율법과 로마법 등 율법 교수를 능가할 학문적 능력을 길렀습니다. 가정 공동체 안에서 부모와 동생들과 함께 살면서 사랑과 섬김을 배웠습니다. 노동을 통해 십자가를 지실 만한 근육을 단련했습니다. 예수님은 성장과 성숙이 무엇인지 아시는 분입니다. 그래서 우리가 연약할 때 "괜찮다, 나도 안다, 이해한다"고 말씀하실 수 있는 겁니다.

1 min Prayer

우리를 자라게 하시는 하나님, 과정을 무시하거나 생략하지 않게 하소서. 과정은 어떠하든지 결과만 좋으면 된다고 생각하지 않게 하소서. 세상을 닮지 말게 하소서. 당장의 결과가 좋지 않더라도, 과정에 최선을 다했다면 그것에 감사하며 기다리게 하소서. 저와 ○○(이)가 걸어온 입시의 모든 과정을 알고 계시는 줄 믿습니다. 이제 40여 일 남은 과정을 끝까지 걸어가게 하소서. 은총의 빛을 비춰 주소서. 예수님의 이름으로 기도합니다.

D-38

1 min Word

누가복음 5:5-6, 8

⁵시몬이 대답하여 이르되 선생님 우리들이 밤이 새도록 수고하였으되 잡은 것이 없지마는 말씀에 의지하여 내가 그물을 내리리이다 하고 ⁶그렇게 하니 고기를 잡은 것이 심히 많아 그물이 찢어지는지라 ⁸시몬 베드로가 이를 보고 예수의 무릎 아래에 엎드려 이르되 주여 나를 떠나소서 나는 죄인이로소이다 하니

Cheer 베드로가 응원합니다.

낮에 그물을 내리는 것은 어부의 상식에 옳지 않았습니다. 그물이 눈에 잘 띄어서 물고기들이 피해 다니기 때문입니다. 하지만 베드로는 상식을 내려놓고 예수님의 말씀을 믿었습니다. 그물을 내렸더니 그물이 찢어졌습니다. 엄청나게 많은 고기가 잡혔습니다. 그런데 베드로는 그 많은 물고기가 눈에 들어오지 않았습니다. 그 대신 자꾸만 자신의 죄가 눈앞에 아른거렸습니다. 결국 베드로는 예수님의 발 앞에 엎드려 고백했습니다. "주님, 저는 죄인입니다." 그물에 가득한 물고기가 보이지 않고, 죄와 예수님이 보인다는 것은 제자가 되었다는 뜻입니다. 죄와 예수님이 보이지 않고 물고기만 보이면 가짜 제자입니다. 돈과 성공만 보여도, 사랑과 공부만 보여도 가짜 제자입니다.

Prayer

상식을 초월하여 역사하시는 하나님, 저와 ○○(이)를 예수님의 제자로 삼아 주셔서 진심으로 감사드립니다. 저와 ○○(이)가 날마다 영적인 눈을 떠서 죄와 예수님을 바라보게 하소서. 학부모와 입시생이기 전에 주님의 제자라는 신분을 잊지 않게 하소서. 날마다 우리의 상식을 초월하여 역사하시는 주님의 능력을 의지하게 하소서. 우리의 경험과 상식을 의지하지 않게 하시고 주님의 말씀을 의지하게 하소서. 예수님의 이름으로 기도합니다.

D-37

1 min Word

마태복음 9:10-12

¹⁰예수께서 마태의 집에서 앉아 음식을 잡수실 때에 많은 세리와 죄인들이 와서 예수와 그의 제자들과 함께 앉았더니 ¹¹바리새인들이 보고 그의 제자들에게 이르되 어찌하여 너희 선생은 세리와 죄인들과 함께 잡수시느냐 ¹²예수께서 들으시고 이르시되 건강한 자에게는 의사가 쓸 데 없고 병든 자에게라야 쓸 데 있느니라

Cheer 1 min
마태가 응원합니다.

가버나움 동네 사람들이 수군댔습니다. 바리새인들은 혀를 차며 고개를 좌우로 흔들었습니다. 서기관들은 팔짱을 낀 채 손가락질을 했습니다. 왜 그런 걸까요? 예수님이 마태와 밥을 같이 먹었기 때문입니다. 마태는 세리이고, 세리는 더러운 죄인이고, 더러운 죄인은 죄를 전염시키고, 결국 예수님도 죄로 오염됐다는 논리였습니다. 말도 안 되지만 당시 유대인들은 세리 마태를 그런 시선으로 보았습니다. 하지만 예수님의 시선은 달랐습니다. 예수님의 눈에는 마태가 그저 치료받으면 건강해질 사람, 회개하면 의인이 될 사람으로 보였습니다. 예수님의 시선이 마태를 살렸습니다. 그리고 먼 훗날 위대한 성경 마태복음도 태어나게 한 것입니다. 우리의 눈빛, 우리의 시선이 자녀를 살릴 수도, 죽일 수도 있습니다.

Prayer 1 min

새롭게 변화시키시는 하나님, 어느 때나 사랑의 눈으로 저와 ○○(이)를 바라봐 주셔서 감사합니다. 오늘도 하나님의 따뜻한 시선 아래 머뭅니다. 하나님의 시선은 저와 ○○(이)를 살려 주시고 회복시켜 주시는 생명의 눈빛임을 고백합니다. 저도 ○○(이)를 바라볼 때 하나님의 시선으로 바라볼 수 있도록 도와주소서. 실수와 잘못을 찾아내어 정죄하려는 눈빛을 내려놓게 하소서. ○○(이)를 무한한 가능성이 있는 하나님의 자녀로 바라보게 하소서. 먼 훗날 성장하고 성숙한 미래의 모습을 기대하는 시선을 바라보게 하소서. 예수님의 이름으로 기도합니다.

D-36

1 min Word

요한복음 4:13-15

¹³예수께서 대답하여 이르시되 이 물을 마시는 자마다 다시 목마르려니와 ¹⁴내가 주는 물을 마시는 자는 영원히 목마르지 아니하리니 내가 주는 물은 그 속에서 영생하도록 솟아나는 샘물이 되리라 ¹⁵여자가 이르되 주여 그런 물을 내게 주사 목마르지도 않고 또 여기 물 길으러 오지도 않게 하옵소서

Cheer `1 min` 사마리아 여인이 응원합니다.

사마리아 여인의 마음은 곰팡이 가득한 지하창고와 같았습니다. 늘 어둡고 습하고 악취가 진동했습니다. 그런데 예수님이 찾아오신 날, 햇살 같은 말씀이 여인의 마음을 치료하기 시작했습니다. 지금껏 누구와도 그런 대화를 나눠 본 적이 없었습니다. 속이 뻥 뚫렸습니다. 사마리아 여인은 여섯째 남편과 살게 된, 숨기고 싶은 과거로부터 자유하게 됐습니다. 예루살렘 성전에 가지 못해서 느꼈던 영혼의 갈증 문제도 해결했습니다. 사마리아를 오염 지역처럼 바라보는 유대인들에 대한 증오도 사라졌습니다. 탁월한 카운슬러 예수님과 상담하면 이런 기적이 일어납니다. 기쁜 소식은 예수님이 이미 당신 곁에 찾아와 계신다는 사실입니다. 먼 길도 마다하지 않고 사마리아 여자를 찾아오신 것처럼. 치료가 필요한 우리와 우리 자녀 옆에 이미 와 계십니다.

Prayer `1 min`

치료자 되시는 하나님, 오늘도 저와 ○○(이)에게 찾아오셔서 만나 주심에 감사합니다. 저희의 기도를 들어주시고 말씀해 주시니 감사합니다. 오랜 입시 생활을 통해서 갈급해진 ○○(이)의 영혼을 주님의 은혜로 채워 주소서. 답답한 마음을 새롭게 하여 주소서. 어두운 마음에 하늘의 빛을 비춰 주소서. 사람에게 실망하고 상처 입은 마음, 사람을 증오하는 마음, 지저분한 마음을 주님 앞에 내려놓습니다. 언제 어디서나 저희 곁에 이미 와 계신 주님을 보게 하소서. 예수님의 이름으로 기도합니다.

D-35

1 min Word

마태복음 8:8-10

⁸백부장이 대답하여 이르되 주여 내 집에 들어오심을 나는 감당하지 못하겠사오니 다만 말씀으로만 하옵소서 그러면 내 하인이 낫겠사옵나이다 ⁹나도 남의 수하에 있는 사람이요 내 아래에도 군사가 있으니 이더러 가라 하면 가고 저더러 오라 하면 오고 내 종더러 이것을 하라 하면 하나이다 ¹⁰예수께서 들으시고 놀랍게 여겨 따르는 자들에게 이르시되 내가 진실로 너희에게 이르노니 이스라엘 중 아무에게서도 이만한 믿음을 보지 못하였노라

Cheer · 1 min

가버나움 백부장이 응원합니다.

가버나움의 백부장이 책을 썼다면 아마도《예수님을 감동시키는 4가지 비법》이란 제목을 붙였을 겁니다. 차례는 '첫째, 겸손하라. 둘째, 약자를 도우라. 셋째, 믿으라. 넷째, 배려하라'로 잡았을 겁니다. 그는 점령군 장교였지만 식민지 주민에게 머리를 숙였습니다. 절대 약자였던 하인이 중풍병이 걸렸을 땐 버리지 않고, 최선을 다해 치료방법을 찾았습니다. 그에게는 예수님이 말씀만 하시면 나을 거라는 멋진 믿음이 있었습니다. 더불어 예수님이 이방인인 자신과 접촉하는 불필요한 부담감을 주지 않으려고 배려했습니다. 예수님은 백부장의 겸손, 섬김, 믿음, 배려의 모습을 보면서 얼마나 미소 지으셨을까요? 날마다 예수님의 얼굴을 찡그리게 만드는 우리에게, 백부장의 책은 필독서입니다.

Prayer · 1 min

상 주시는 하나님, 저도 하나님 아버지를 감동시키는 멋진 자녀가 되길 원합니다. 부모이지만 자녀인 ○○(이)에게 머리를 숙일 줄 아는 겸손한 사람이 되게 하소서. 아직 연약하고 미숙하다는 이유만으로 ○○(이)를 내 마음대로 하지 않게 하소서. 연약한 ○○(이)를 잘 돕는 자가 되게 하소서. 백부장처럼 예수님을 멋지게 믿게 하소서. 주님의 기쁨이 되게 하소서. 예수님의 이름으로 기도합니다.

D-34

1 min Word

누가복음 7:11-14

¹¹그 후에 예수께서 나인이란 성으로 가실새 제자와 많은 무리가 동행하더니 ¹²성문에 가까이 이르실 때에 사람들이 한 죽은 자를 메고 나오니 이는 한 어머니의 독자요 그의 어머니는 과부라 그 성의 많은 사람도 그와 함께 나오거늘 ¹³주께서 과부를 보시고 불쌍히 여기사 울지 말라 하시고 ¹⁴가까이 가서 그 관에 손을 대시니 멘 자들이 서는지라 예수께서 이르시되 청년아 내가 네게 말하노니 일어나라 하시매

1 min
Cheer 나인성 과부가 응원합니다.

아들을 잃은 어머니의 비명이 나인성의 하늘을 찔렀습니다. 죽은 아들은 청년이며 독자였고, 남겨진 어머니는 남편을 먼저 잃은 과부였습니다. 세상에서 가장 슬픈 장례식이었습니다. 그때 예수님이 찾아오셔서 두 마디 말을 건넸습니다. 통곡하는 어머니에게는 "울지 말라"고 하셨고 죽은 아들에게는 "일어나라"고 하셨습니다. 산상설교처럼 길거나 깊은 말씀이 아니었습니다. 해석이 필요 없는 간결한 말씀이었습니다. 그러나 절망의 늪에 빠진 모자(母子)에게 가장 필요한 말씀이었습니다. 예수님의 말씀으로 죽음이 생명으로, 슬픔이 기쁨으로, 눈물이 웃음으로, 절망이 소망으로 반전되고 역전되었습니다. 예수님이 함께하시면, 예수님이 말씀하시면 반전과 역전은 불가능이 아닙니다. 아직 포기하지 마십시오.

1 min
Prayer

역전과 반전의 하나님, 우주 만물을 말씀으로 창조하신 하나님이 저와 ○○(이)의 하나님이심에 감사합니다. 창조주 하나님이 저와 ○○(이)에게 말씀 한마디만 해주신다면 저희의 삶에도 역전과 반전이 일어날 줄 믿습니다. 포기하고 싶을 때에도 포기하지 않게 하소서. 입시가 절망적인 상황으로 흐른다 해도 실망하거나 낙심하지 않게 하소서. 끝까지 하나님의 함께하심을 믿고 신뢰하게 하소서. 예수님의 이름으로 기도합니다.

D-33

1 min Word

누가복음 8:43-44, 48

⁴³이에 열두 해를 혈루증으로 앓는 중에 아무에게도 고침을 받지 못하던 여자가 ⁴⁴예수의 뒤로 와서 그의 옷 가에 손을 대니 혈루증이 즉시 그쳤더라 ⁴⁸예수께서 이르시되 딸아 네 믿음이 너를 구원하였으니 평안히 가라 하시더라

1 min Cheer 혈루증 여인이 응원합니다.

혈루증이라는 산부인과 질병을 앓고 있는 여자가 있었습니다. 용하다는 의사는 다 찾아다니며 돈은 돈대로 쓰고 고생은 고생대로 했습니다. 그러나 나아지기는커녕 12년 동안 헛수고만 했습니다. 몸과 마음이 너덜너덜해져 죽고 싶은 지경이었습니다. 바로 그때, 예수님이 길을 지나가고 계셨습니다. 여자는 옷자락만 만져도 나을 것을 믿고 몰래 만졌습니다. 정말로 주님의 능력이 훅 하고 들어와 고통을 날려 버렸습니다. 그런데 마음이 편치 않았습니다. 주님의 능력을 훔쳤다는 죄책감에 불편했습니다. 그때 등 뒤에서 "딸아 네 믿음이 너를 구원하였으니 평안히 가라" 하는 음성이 들렸습니다. 주님의 친절한 AS(애프터서비스)였습니다. 예수님은 이렇게 좋으신 분입니다. 그러니 지금 달려가 주님의 옷자락을 잡아 보세요.

1 min Prayer

우리를 온전히 치유하시는 하나님, 12년의 헛수고라는 표현에 가슴이 먹먹해집니다. 저와 ○○(이)가 초중고 12년을 준비해 온 입시의 날이 점점 다가오고 있습니다. 솔직히 저와 ○○(이)는 12년의 수고가 헛될까 봐 두렵습니다. 하지만 수능이 인생의 목적도 끝도 아닌 과정일 뿐임을 인정합니다. 너덜너덜해진 저와 ○○(이)의 몸과 마음을 치유하여 주소서. 이 시간 조용히 주님의 옷자락을 만집니다. 주님의 능력으로 저와 ○○(이)를 새롭게 하소서. 예수님의 이름으로 기도합니다.

D-32

1 min Word

마태복음 15:25-28

²⁵여자가 와서 예수께 절하며 이르되 주여 저를 도우소서 ²⁶대답하여 이르시되 자녀의 떡을 취하여 개들에게 던짐이 마땅하지 아니하니라 ²⁷여자가 이르되 주여 옳소이다마는 개들도 제 주인의 상에서 떨어지는 부스러기를 먹나이다 하니 ²⁸이에 예수께서 대답하여 이르시되 여자여 네 믿음이 크도다 네 소원대로 되리라 하시니 그 때로부터 그의 딸이 나으니라

1 min Cheer 가나안 여인이 응원합니다.

예수님의 모습이 매우 낯설게 보입니다. 가나안 여인은 사랑하는 딸을 위해 목이 터져라 간청하는데, 예수님은 차갑게 외면하고 등을 돌렸습니다. 보다 못한 제자들이 부탁해도 거절했습니다. 심지어 가나안 여인을 개에 비유하며 거들떠보지도 않았습니다. 사랑의 예수님이 왜 그리 싸늘하셨을까요? 그 이유는 이야기의 끝자락에서 알 수 있습니다. 예수님은 여자의 믿음을 시험해 보신 겁니다. 여자가 부스러기 은혜를 구할 때까지 기다리신 겁니다. 우리도 주님의 오랜 침묵에 기운이 빠집니다. 계속 기도해야 할지 의심이 듭니다. 하지만 그때가 바로 부스러기 은혜를 구할 때입니다. 기도 응답이 없다고 낙심하지 맙시다. 부스러기 은혜의 시간이 점점 가까워지고 있으니….

1 min Prayer

은혜가 풍성하신 하나님, 주님을 바라보며 입을 열어 기도할 수 있게 하시니 감사합니다. 특히 자녀의 입시를 위해 간절히 간청할 수 있는 믿음을 주시니 감사합니다. 때로는 주님의 오랜 침묵에 기운이 빠질 때가 있음을 고백합니다. 기도하는 무릎이 아프고 모은 두 손에 힘이 빠집니다. 하지만 가나안 여자가 보여 준 끈질긴 간청의 모습을 본받게 하소서. 부스러기 은혜라도 구하는 믿음을 주소서. 낙심은 저 멀리 던져 버리게 하시고 버티고 견딜 수 있는 믿음을 주소서. 예수님의 이름으로 기도합니다.

D-31

1 min Word

마가복음 5:22-23, 41-42

²²회당장 중의 하나인 야이로라 하는 이가 와서 예수를 보고 발 아래 엎드리어 ²³간곡히 구하여 이르되 내 어린 딸이 죽게 되었사오니 오셔서 그 위에 손을 얹으사 그로 구원을 받아 살게 하소서 하거늘 ⁴¹그 아이의 손을 잡고 이르시되 달리다굼 하시니 번역하면 곧 내가 네게 말하노니 소녀야 일어나라 하심이라 ⁴²소녀가 곧 일어나서 걸으니 나이가 열두 살이라 사람들이 곧 크게 놀라고 놀라거늘

_____

_____

_____

Cheer — 회당장 야이로가 응원합니다.

회당장 야이로에게 큰 시련이 찾아왔습니다. 사랑하는 딸이 죽어 가고 있는데, 야이로는 아무것도 해 줄 수 없었습니다. 그런데 야이로가 갑자기 어디론가 달려가기 시작했습니다. 그가 숨을 헐떡이며 멈춰 선 곳은 예수님의 발아래였습니다. 더 이상 그는 회당장의 거추장스러운 옷을 신경쓰지 않았습니다. 철퍼덕 주저앉아 간절히 주님께 부탁했습니다. "내 어린 딸을 살려 주소서." 큰 시련이 야이로를 주께로 인도했습니다. 만약 큰 시련이 없었다면, 야이로는 회당 종교의 장벽 안에 갇혀 예수님을 만나지 못했을 겁니다. 시련의 바람은 시리고 차갑습니다. 하지만 우리를 주께로 인도하는 고마운 바람입니다. 지금 입시의 언덕에 시련의 바람이 불고 있습니까? 그 바람을 등지면, 주께로 더 빨리 갈 수 있습니다.

Prayer

시련을 이기게 하시는 하나님, 큰 시련이 우리를 주께로 인도해 준다는 진리를 깨닫게 해 주시니 감사합니다. 때때로 입시의 언덕에 시련의 바람이 불 때가 있습니다. 그때에는 시련만 바라보거나 묵상하지 않도록 도와주소서. 오히려 시련을 등지고 주님을 바라보게 하소서. 시련을 역이용하여 주께로 더 가까이 달려가는 도구로 사용하게 하소서. 시련이 올 때면 하나님께로 제일 먼저 달려갈 수 있는 믿음을 주소서. 예수님의 이름으로 기도합니다.

오직 성령의 열매는 사랑과 희락과 화평과 오래 참음과 자비와 양선과
충성과 온유와 절제니 이같은 것을 금지할 법이 없느니라
_ 갈라디아서 5장 22-23절

D-30
~
D-21

D-30

1 min Word

마가복음 7:33-35

³³예수께서 그 사람을 따로 데리고 무리를 떠나사 손가락을 그의 양 귀에 넣고 침을 뱉어 그의 혀에 손을 대시며 ³⁴하늘을 우러러 탄식하시며 그에게 이르시되 에바다 하시니 이는 열리라는 뜻이라 ³⁵그의 귀가 열리고 혀가 맺힌 것이 곧 풀려 말이 분명하여졌더라

_____

_____

_____

Cheer (1 min) 치유받은 청각장애인이 응원합니다.

에트프타흐! 예수님이 외치셨던 아람어 한마디입니다. 우리말로 음역 하면 에바다, 뜻은 '열려라'입니다. 이 한마디는 한 남자의 인생을 대역전시켰습니다. 그 남자는 듣지 못하는 청각장애가 있었고 그로 인해 말을 더듬는 언어장애도 있었습니다. 듣지 못하고 말하지 못하는 소통의 감옥에 갇혀 있었던 것입니다. 예수님은 손가락을 그 남자의 양쪽 귀에 넣으셨습니다. 침 묻은 손을 혀에 대시기도 했습니다. 마치 다이너마이트를 터트릴 준비를 하는 듯 보였습니다. 아니나 다를까 예수님의 "에바다!"라는 명령과 함께 그 남자의 소통의 감옥이 쾅하고 무너져 내렸습니다. 예수님은 지금도 막힌 담을 허무시는 평화의 일을 하고 계십니다. 입시 생활로 인해 막힌 담이 있으면 연락하십시오. 예수님이 CEO로 계신 주식회사 '에트프타흐'로.

Prayer (1 min)

막힌 담을 허물어 주시는 하나님, 입은 있으나 기도하지 못했고 찬송하지 못했음을 고백합니다. 귀가 있으나 하나님의 말씀보다는 세상의 소리에 귀 기울였음을 용서하소서. 저와 ○○(이)를 향해서도 에바다를 외쳐 주소서. 주님의 손으로 저희의 막힌 귀와 눈을 만져 주소서. 그래서 다시 하나님의 말씀을 듣게 하시고 주님을 향한 기도와 찬송이 살아나게 하소서. 분주한 입시 생활 중에도 하나님과의 평화를 잊지 않게 하소서. 예수님의 이름으로 기도합니다.

D-29

1 min Word

누가복음 17:17-19

¹⁷예수께서 대답하여 이르시되 열 사람이 다 깨끗함을 받지 아니하였느냐 그 아홉은 어디 있느냐 ¹⁸이 이방인 외에는 하나님께 영광을 돌리러 돌아온 자가 없느냐 하시고 ¹⁹그에게 이르시되 일어나 가라 네 믿음이 너를 구원하였느니라 하시더라

_____

_____

_____

Cheer 감사의 사람이 응원합니다.

열 명 모두 환자였습니다. 열 명 모두 예수님을 만났을 때 고쳐 달라 소리쳤습니다. 열 명 모두 치유의 은혜를 받았습니다. 하지만 한 명만 돌아와 예수님께 엎드려 감사했습니다. 한 명만 하나님께 영광을 돌렸습니다. 주목해야 할 사실은 감사한 그 한 사람만 구원을 받았다는 것입니다. 아무나 예수님께 엎드려 감사할 수 있는 것이 아닙니다. 은혜를 은혜로 느낄 수 있는 사람만이 감사할 수 있습니다. 은총을 은총으로 여기는 사람만이 감사할 수 있습니다. 아홉 명은 육체뿐 아니라 영혼의 무감각도 치유받을 수 있는 기회를 놓친 것입니다. 감사는 굳어진 영혼을 부드럽게 해 주는 영혼의 마사지이자 스트레칭입니다. 오늘 하루의 고단한 입시 생활을 감사 스트레칭으로 부드럽게 시작해 봅시다.

Prayer

은혜를 베풀어 주시는 하나님, 저와 ○○(이)가 감사할 줄 아는 믿음의 사람이 되게 하시니 감사합니다. 하나님의 은혜를 은혜로 느끼게 하시니 감사합니다. 하나님의 은총을 찬송하며 감사하게 하시니 이 또한 감사합니다. 시시때때로 부어 주시는 하나님의 은혜가 있어서 고단한 입시 생활을 할 수 있었음을 인정합니다. 남은 입시 기간도 매일매일 감사로 채워 가게 하소서. 불평, 불만, 불안을 내려놓고 감사 또 감사하게 하소서. 예수님의 이름으로 기도합니다.

D-28

1 min Word

마태복음 19:20-22

²⁰그 청년이 이르되 이 모든 것을 내가 지키었사온대 아직도 무엇이 부족하니이까 ²¹예수께서 이르시되 네가 온전하고자 할진대 가서 네 소유를 팔아 가난한 자들에게 주라 그리하면 하늘에서 보화가 네게 있으리라 그리고 와서 나를 따르라 하시니 ²²그 청년이 재물이 많으므로 이 말씀을 듣고 근심하며 가니라

Cheer (1 min) 부자 청년이 응원합니다.

부자 청년은 십계명 잘 지키는 경건한 회당 오빠였습니다. 예수님께 배우려는 겸손한 성품도 있었습니다. 이만하면 VIP 대접을 받아도 될 대상이었습니다. 하지만 예수님은 그 VIP를 단번에 돌려보냈습니다. 치명적인 약점이 있었던 것입니다. 부자 청년은 돈을 하나님보다 더 사랑했습니다. 돈이 삶의 주인이었던 겁니다. 예수님은 돈을 버리고 예수님을 따르라고 말씀했지만, 그는 결국 돈을 택했습니다. 비록 열두 제자는 촌스럽고 가난한 중년 남자들이었지만, 적어도 그들은 주님을 위해 버릴 줄 아는 사람들이었습니다. 예수님을 사랑하시나요? 매일매일 작은 것들을 내려놓고 있나요? 그렇다면 이미 당신은 제자입니다.

Prayer (1 min)

인생의 주인이신 하나님, 하나님만을 사랑하게 하시니 감사합니다. 예수님을 저와 ○○(이)의 주인으로 섬기게 하시니 감사합니다. 세상 그 무엇보다 하나님을 더욱 사랑합니다. 공부도, 입시도, 대입도 중요하지만, 저와 ○○(이)에게는 하나님이 더 소중합니다. 오늘도 주님을 사랑하는 마음으로 세상적인 것들을 포기할 수 있는 용기를 주소서. 하나님이냐 돈이냐, 하나님이냐 세상이냐의 작은 싸움에서 지지 않도록 도와주소서. 예수님의 이름으로 기도합니다.

D-27

1 min Word

마가복음 10:46-48

⁴⁶그들이 여리고에 이르렀더니 예수께서 제자들과 허다한 무리와 함께 여리고에서 나가실 때에 디매오의 아들인 맹인 거지 바디매오가 길 가에 앉았다가 ⁴⁷나사렛 예수시란 말을 듣고 소리 질러 이르되 다윗의 자손 예수여 나를 불쌍히 여기소서 하거늘 ⁴⁸많은 사람이 꾸짖어 잠잠하라 하되 그가 더욱 크게 소리 질러 이르되 다윗의 자손이여 나를 불쌍히 여기소서 하는지라

Cheer (1 min)
바디매오가 응원합니다.

여리고에 흙수저 한 사람이 있었습니다. 그는 태어날 때부터 앞을 볼 수 없었습니다. 부모나 돌봐 줄 가족도 없었습니다. 돈도, 변변한 이름도 없었습니다. 그래서 사람들은 그를 디매오의 아들이라는 뜻의 바디매오라 불렀습니다. 그런 그가 지나가시던 예수님을 향해 "다윗의 자손 예수여"라고 소리쳤습니다. 다윗의 자손은 구약에 나오는 메시아 칭호입니다. 바디매오는 예수님을 메시아라고 믿는 믿음이 있었습니다. 예수님은 흙수저 바디매오에게 믿음의 금메달을 걸어 주셨습니다. 시각장애인, 고아, 가난한 사람, 걸인이라는 바디매오의 흙수저 이름표는 죽음과 함께 사라졌습니다. 하지만 믿음의 금메달은 지금도 영원히 빛날 겁니다. 당신의 목에는 영원히 빛날 믿음의 금메달이 걸려 있습니까?

Prayer (1 min)

믿음을 보시는 하나님, 저와 ○○(이)에게도 바디매오처럼 예수님을 다윗의 자손이라고 부를 수 있는 믿음을 주셔서 감사합니다. 그동안 우리 자신을 흙수저라고 생각하며 우리에게 없는 것에만 시선을 두지 않았나 돌아봅니다. 사라져 버릴 것들에 집중하지 않게 하시고 믿음에 집중하게 하소서. 영원한 믿음에 소망을 두면 우리의 일상생활에도 능력이 생길 줄 믿습니다. 오늘도 다른 사람과 비교하지 않고 오직 주님이 허락하신 상황 속에서 주님의 이름을 부르면 살아가게 하소서. 예수님의 이름으로 기도합니다.

D-26

1 min Word

누가복음 19:7-10

⁷뭇 사람이 보고 수군거려 이르되 저가 죄인의 집에 유하러 들어갔도다 하더라 ⁸삭개오가 서서 주께 여짜오되 주여 보시옵소서 내 소유의 절반을 가난한 자들에게 주겠사오며 만일 누구의 것을 속여 빼앗은 일이 있으면 네 갑절이나 갚겠나이다 ⁹예수께서 이르시되 오늘 구원이 이 집에 이르렀으니 이 사람도 아브라함의 자손임이로다 ¹⁰인자가 온 것은 잃어버린 자를 찾아 구원하려 함이니라

> **Cheer** (1 min) 삭개오가 응원합니다.

삭개오의 SNS에는 흡혈 세리장, 로마 앞잡이, 인간쓰레기, 난쟁이 부자 등등 갖가지 악플이 달렸습니다. 삭개오는 속상했지만 메시아를 꿈꾸며 참았습니다. 삭개오는 몇 해 전부터 세례 요한이 예언한 메시아를 조용히 기다리고 있었습니다. 그런데 그 꿈이 이루어졌습니다. 예수님이 삭개오를 찾아오신 겁니다. 삭개오는 예수님을 즐겁게 영접했고, 목구멍의 가시 같던 재산도 시원하게 정리했습니다. 예수님의 은총과 삭개오의 믿음이 융합되어 구원이라는 영적 화학반응이 일어난 것입니다. 놀라운 일입니다. 지금도 예수님은 은총을 준비해 놓고 기다리고 계십니다. 우리 순서만 남았습니다. 은총에 우리의 믿음만 더한다면 펑~ 하고 영적 화학반응이 일어날 겁니다. 입시라는 은총에도 믿음을 더하면 놀라운 일이 일어날 겁니다.

> **Prayer** (1 min)

은총을 베풀어 주시는 하나님, 삭개오를 만나 주신 것처럼 저와 ○○(이)를 만나 주심을 감사합니다. 예수님의 은총과 저희들의 믿음이 융합되어 구원을 이루어가게 하심도 감사합니다. 입시도 주님께서 주신 은총임을 고백합니다. 저와 ○○(이)가 믿음으로 반응하게 하소서. 어떤 상황 속에서도 주님만을 믿고 따라갈 수 있는 믿음을 주소서. 삭개오가 기다리며 영접했던 것처럼 저희에게도 기다림의 지혜를 더해 주소서. 예수님의 이름으로 기도합니다.

D-25

1 min Word

사도행전 7:58-60

⁵⁸성 밖으로 내치고 돌로 칠새 증인들이 옷을 벗어 사울이라 하는 청년의 발 앞에 두니라 ⁵⁹그들이 돌로 스데반을 치니 스데반이 부르짖어 이르되 주 예수여 내 영혼을 받으시옵소서 하고 ⁶⁰무릎을 꿇고 크게 불러 이르되 주여 이 죄를 그들에게 돌리지 마옵소서 이 말을 하고 자니라

Cheer (1 min) 스데반이 응원합니다.

해만 바라보는 해바라기는 꽃잎 색깔부터 꽃 모양마저도 해를 꼭 빼닮았습니다. 예수님만 바라보는 예수쟁이도 예수님을 닮아갑니다. 예수쟁이 스데반도 예수님을 닮은 사람이었습니다. 유대인들이 살의의 눈빛을 보낼 때에도, 스데반은 예수님만 바라보았습니다. 사람들이 던진 돌에 맞아 죽어갈 때에도, 스데반은 예수님만 바라보았습니다. 그리고 숨을 거두기 직전에도 스데반은 예수님처럼 기도했습니다. "내 영혼을 받아 주시고 죄를 저들에게 돌리지 마세요!" 스데반은 언제 어디서 무엇을 하든지 시선을 예수님께 고정시킨 진정한 주바라기였습니다. 그런데 갑자기 궁금해집니다. 해바라기는 비 오는 날에도 해를 볼까요? 그럴 것 같습니다. 우리도 고난의 구름 너머에 계신 주님의 얼굴을 바라보는 주바라기입니다.

Prayer (1 min)

항상 우리를 바라보시는 하나님, 저와 ○○(이)를 주님을 바라보며 닮아 가게 하시니 감사합니다. 제 시선의 방향을 돌아보게 하소서. ○○(이)의 얼굴이 어디를 바라보고 있는지 점검해 보게 하소서. 언제 어디서 무엇을 하든지 저희의 시선이 주를 향하도록 도와주소서. 입시 생활에 여러 가지 먹구름이 낄 때에도 구름 너머에 계신 주님을 끝까지 바라보게 하소서. 주님을 바라보며 미소 짓게 하소서. 예수님의 이름으로 기도합니다.

D-24

1 min Word

사도행전 8:5-6, 29-30

⁵빌립이 사마리아 성에 내려가 그리스도를 백성에게 전파하니 ⁶무리가 빌립의 말도 듣고 행하는 표적도 보고 한마음으로 그가 하는 말을 따르더라 ²⁹성령이 빌립더러 이르시되 이 수레로 가까이 나아가라 하시거늘 ³⁰빌립이 달려가서 선지자 이사야의 글 읽는 것을 듣고 말하되 읽는 것을 깨닫느냐

Cheer (1 min) 빌립 집사가 응원합니다.

민들레 홀씨처럼 예루살렘의 성도들은 성령의 바람을 타고 흩어졌습니다. 빌립 집사도 저주의 땅 사마리아 성으로 기꺼이 날아갔습니다. 그는 복음을 전파하고 병을 고치며 귀신을 내쫓는 작은 예수의 사역을 감당했습니다. 그러던 중 성령님이 광야 길로 가라고 명령하셨습니다. 빌립은 즉시 순종했고 에티오피아 신하를 만났습니다. 신하는 빌립을 통해 복음을 듣고 믿어 에티오피아 제1호 신자가 되었습니다. 이처럼 성령님은 빌립을 마음껏 편하게 사용하셨습니다. 빌립이 힘을 빼고 성령님께 모든 것을 맡겼기 때문입니다. 한마디로 빌립은 성령님이 조정하는 복음의 드론(Drone)이었습니다. 우리의 계획, 소원, 결심도 좋지만, 그것이 성령님의 역사를 방해할 수도 있습니다. 이제는 우리의 힘을 빼고 성령님께 주도권을 넘길 때입니다.

Prayer (1 min)

우리를 주관하시는 하나님, 저와 ○○(이)에게 성령님을 보내 주셔서 감사합니다. 성령님께 완전히 사로잡힌 빌립 집사의 모습을 보며 도전을 받습니다. 저와 ○○(이)도 힘을 빼고 성령님께 주도권을 넘길 수 있도록 도와주소서. 성령님이 인도하시는 대로 순종하게 하소서. 성령님이 저와 ○○(이)를 마음껏 편하게 사용하시도록 모든 것을 맡기게 하소서. 예수님의 이름으로 기도합니다.

D-23

1 min Word

사도행전 11:22-24

²²예루살렘 교회가 이 사람들의 소문을 듣고 바나바를 안디옥까지 보내니 ²³그가 이르러 하나님의 은혜를 보고 기뻐하여 모든 사람에게 굳건한 마음으로 주와 함께 머물러 있으라 권하니 ²⁴바나바는 착한 사람이요 성령과 믿음이 충만한 사람이라 이에 큰 무리가 주께 더하여지더라

Cheer (1 min) 바나바가 응원합니다.

구브로섬의 소문난 땅 부자 바나바가 예수를 믿고 변화되었습니다. 전에는 가난한 사람들에게 땅을 빌려 주고 임대료를 받아 먹고살았습니다. 이제는 가난한 사람들을 구제하기 위해 땅을 팔아 바쳤습니다. 전에는 사람을 이용했지만, 이제는 사람을 섬겼습니다. 바나바가 바울을 섬기는 모습은 마치 동화에 나오는 아낌없이 주는 나무를 연상하게 만듭니다. 모든 사람이 바울을 믿지 않고 의심할 때, 바나바는 바울을 믿어주었습니다. 바울이 고향 다소에서 수년간 파묻혀 있을 때, 바나바는 바울을 안디옥 교회로 데려와 선교사가 되게 했습니다. 바울이 전도 여행을 할 때, 바나바는 그림자처럼 따라다니며 돕는 역할을 했습니다. 성령이 바나바를 아낌없이 주는 나무로 변화시킨 겁니다. 자녀의 바나바가 되고 싶다면 먼저 성령으로 충만하십시오.

Prayer (1 min)

우리를 변화시키시는 하나님, 성령님을 통해서 날마다 변화되도록 인도하시니 감사합니다. 아낌없이 줄 수 있는 능력은 오직 성령이 충만할 때 생겨난다는 것을 잘 알고 있습니다. 제가 항상 성령으로 충만하게 하소서. 그래서 교회를 잘 섬기게 하시고 약한 자도 돕게 하소서. 특히 입시 생활 중에 있는 ○○(이)의 바나바가 되게 하소서. ○○(이)를 끝까지 믿어 주게 하시고 ○○(이)를 바른길로 인도하게 하소서. ○○(이) 옆에서 돕는 자의 역할을 잘 감당하게 하소서. 예수님의 이름으로 기도합니다.

D-22

1 min Word

사도행전 16:23-26

²³많이 친 후에 옥에 가두고 간수에게 명하여 든든히 지키라 하니 ²⁴그가 이러한 명령을 받아 그들을 깊은 옥에 가두고 그 발을 차꼬에 든든히 채웠더니 ²⁵한밤중에 바울과 실라가 기도하고 하나님을 찬송하매 죄수들이 듣더라 ²⁶이에 갑자기 큰 지진이 나서 옥터가 움직이고 문이 곧 다 열리며 모든 사람의 매인 것이 다 벗어진지라

Cheer (1 min) 실라가 응원합니다.

잘 해보려고 했는데, 열심히 했는데 결과는 그렇지 않을 때가 있습니다. 실라도 그랬습니다. 빌립보 선교를 위해 바울과 함께 애를 썼습니다. 하지만 결과는 오해와 모함뿐이었습니다. 많은 사람들 앞에서 옷이 벗겨지는 수치를 당했습니다. 실컷 두들겨 맞고 감옥에 갇히게 되었습니다. 밤이 되자 통증이 몰려왔습니다. 하지만 실라는 실패의 밤 한가운데에서 기도하고 찬송했습니다. 인생의 깊은 밤에 기도와 찬송을 쉬지 않는다는 것은 참으로 어려운 일입니다. 사실 우리는 무언가에 실패하면 기도보다는 낙심이, 찬송보다는 한숨이 나옵니다. 하지만 실라는 주인 되신 하나님을 믿고 모든 것을 맡겼습니다. 하나님이 알아서 하실 것을 믿으니까 노래할 수 있었던 겁니다. 입시가 감옥처럼 느껴지나요? 기도하고 찬송합시다.

Prayer (1 min)

기도 들으시고 찬송 받으시는 하나님, 하나님이 저와 ○○(이) 인생의 주인이라는 사실을 인정하게 하시니 감사합니다. 하지만 저는 연약해서 잘 해보려고 했던 일이 실패할 때 낙심하게 됩니다. ○○(이)도 열심히 했던 공부의 성적이 원하는 대로 나오지 않을 때 한숨짓게 됩니다. 그럴 때마다 저희 두 사람에게 믿음을 주소서. 저의 낙심이 기도로 변하게 하소서. ○○(이)의 한숨이 찬송으로 변하게 하소서. 기도와 찬송으로 입시의 깊은 밤을 이겨내도록 도와주소서. 예수님의 이름으로 기도합니다.

D-21

1 min Word

사도행전 17:10-12

¹⁰밤에 형제들이 곧 바울과 실라를 베뢰아로 보내니 그들이 이르러 유대인의 회당에 들어가니라 ¹¹베뢰아에 있는 사람들은 데살로니가에 있는 사람들보다 더 너그러워서 간절한 마음으로 말씀을 받고 이것이 그러한가 하여 날마다 성경을 상고하므로 ¹²그 중에 믿는 사람이 많고 또 헬라의 귀부인과 남자가 적지 아니하나

1 min Cheer — 베뢰아 사람들이 응원합니다.

압록강변 벽동과 창성 지방의 크고 힘센 소 벽창우(碧昌牛)는 농사용으로 인기가 많았습니다. 하지만 벽창우는 평안도 말에 길들여져, 타 지역 농부가 "워워, 이랴이랴" 하는 말을 알아듣지 못했습니다. 그래서 벽창우는 고집 세고 반응 없는 사람을 일컫게 되었습니다. 데살로니가 사람들은 완전 벽창우였습니다. 반면 75km 남쪽의 베뢰아 사람들은 달랐습니다. 그들은 애인을 기다리듯 말씀을 사모했습니다. 현미경처럼 말씀을 자세히 관찰했습니다. 스펀지처럼 말씀의 생명력을 빨아들였습니다. 베뢰아 사람들에게 말씀 공부는 여행이나 스포츠처럼 즐거운 일상이었습니다. 베뢰아 사람에게서 공부의 비결을 배우게 됩니다.

1 min Prayer

말씀하시는 하나님, 저와 ○○(이)에게 공부할 수 있는 환경과 기회를 주시니 감사합니다. 저도 베뢰아 사람들처럼 하나님의 말씀을 사모하게 하소서. ○○(이)도 스폰지처럼 지식을 잘 흡수하게 하소서. 수능까지 남은 시간이 초조함과 지겨움의 시간이 아닌 즐거움의 시간이 되게 하소서. ○○(이)가 수능뿐 아니라 평생 말씀과 진리를 배우고 익힐 때에 베뢰아 사람들처럼 기쁨으로 공부하게 하소서. 예수님의 이름으로 기도합니다.

바나바는 착한 사람이요 성령과 믿음이 충만한 사람이라 이에 큰 무리가
주께 더하여지더라
_ 사도행전 11장 24절

D-20
~
D-11

D-20

1 min Word

사도행전 18:1-4

¹그 후에 바울이 아덴을 떠나 고린도에 이르러 ²아굴라라 하는 본도에서 난 유대인 한 사람을 만나니 글라우디오가 모든 유대인을 명하여 로마에서 떠나라 한 고로 그가 그 아내 브리스길라와 함께 이달리야로부터 새로 온지라 바울이 그들에게 가매 ³생업이 같으므로 함께 살며 일을 하니 그 생업은 천막을 만드는 것이더라 ⁴안식일마다 바울이 회당에서 강론하고 유대인과 헬라인을 권면하니라

> **1 min**
> **Cheer** 아굴라 부부가 응원합니다.

아굴라 부부와 바울은 공통분모가 많았습니다. 둘 다 고린도에 새로 이사 온 유대인이었습니다. 둘 다 생활비를 위해 천막을 만들었습니다. 그리고 둘 다 예수님을 사랑했습니다. 아굴라 부부는 바울과의 만남을 소중히 여기며 아름답게 키워 나갔습니다. 그들은 6일 동안 함께 일했고, 안식일에는 함께 전도했습니다. 그들의 작은 모임은 고린도 교회가 세워지는 기초석이 되었습니다. 놀랍게도 그들이 세운 고린도 교회는 2,000년이 지난 지금도 그리스에 남아 있습니다. 우리는 세계 인구 77억 명을 모두 사랑할 수 없습니다. 하나님이 사랑하라고 붙여 주신 사람은 내 주변에 있는 바로 그 사람입니다. 더군다나 아굴라 부부와 바울처럼 공통분모가 많다면 더 사랑해야 합니다. 특히 세상에서 가장 공통분모가 많은 부모와 자녀는 더더욱 사랑해야 합니다.

> **1 min**
> **Prayer**

우리를 공동체로 부르신 하나님, 저와 ○○(이)를 많은 공통분모를 가진 부모와 자녀로 만나게 해 주셔서 감사합니다. 하나님이 사랑하라고 묶어 주신 만남을 소중히 여기지 않았음을 용서하여 주소서. 지금이라도 서로를 사랑하며 용서하며 더불어 살 수 있도록 도와주소서. 특별히 남은 기간 입시라는 숙제를 서로 도와가면서 잘 풀어갈 수 있도록 지혜를 주소서. 예수님의 이름으로 기도합니다.

D-19

1 min Word

사도행전 20:9-12

⁹유두고라 하는 청년이 창에 걸터 앉아 있다가 깊이 졸더니 바울이 강론하기를 더 오래 하매 졸음을 이기지 못하여 삼층에서 떨어지거늘 일으켜보니 죽었는지라 ¹⁰바울이 내려가서 그 위에 엎드려 그 몸을 안고 말하되 떠들지 말라 생명이 그에게 있다 하고 ¹¹올라가 떡을 떼어 먹고 오랫동안 곧 날이 새기까지 이야기하고 떠나니라 ¹²사람들이 살아난 청년을 데리고 가서 적지 않게 위로를 받았더라

Cheer (1 min) 유두고가 응원합니다.

주일 저녁 드로아의 큰 집에 수많은 사람이 모였습니다. 바울이 집례하는 성만찬에 참여하고, 바울의 설교도 듣기 위해서 모인 것입니다. 그런데 대형사고가 터졌습니다. 설교를 듣던 유두고가 3층에서 떨어져 숨을 거둔 것입니다. 설교시간에 졸다가 하나님의 벌을 받았다고 생각하는 것은 섣부른 판단입니다. 유두고는 노예였습니다. 온종일 힘든 노동을 했지만 성만찬과 말씀이 그리워 졸음을 이겨 내며 설교를 들었습니다. 바울은 죽은 유두고 위에 포개어 누웠습니다. 하나님의 날개로 유두고를 덮은 것입니다. 하나님도 유두고를 불쌍히 여기사 다시 살아나게 하셨습니다. 피곤한 입시 준비에도 불구하고 경건 생활에 힘쓰려는 자녀를 격려하고 응원합시다. 바울처럼 부모의 가슴을 하나님의 날개 삼아 꼭 안아 줍시다.

Prayer (1 min)

능력의 날개로 품어 주시는 하나님, 입시 막바지에 몸과 마음이 지쳐 있는 ○○(이)를 주님의 품으로 꼭 안아 주소서. 피곤한 입시 생활 중에도 경건 생활에 힘쓰려는 ○○(이)를 불쌍히 여기소서. 조금 부족하더라도, 유두고처럼 졸더라도 너그럽게 안아 주소서. 저도 바울처럼 자녀의 몸과 마음을 온전히 품게 하소서. 예수님의 이름으로 기도합니다.

D-18

1 min Word

사도행전 20:22-24

²²보라 이제 나는 성령에 매여 예루살렘으로 가는데 거기서 무슨 일을 당할지 알지 못하노라 ²³오직 성령이 각 성에서 내게 증언하여 결박과 환난이 나를 기다린다 하시나 ²⁴내가 달려갈 길과 주 예수께 받은 사명 곧 하나님의 은혜의 복음을 증언하는 일을 마치려 함에는 나의 생명조차 조금도 귀한 것으로 여기지 아니하노라

1min Cheer — 바울이 응원합니다.

3차 전도 여행을 마친 바울은 밀레도 항구에 있었습니다. 바울은 예루살렘행 티켓을 구입한 후 마음이 무거워졌습니다. 어쩌면 마라톤 중에서 가장 힘든 35km 구간을 앞둔 심정이었을 겁니다. 자꾸 성령님이 하신 말씀이 맴돌았습니다. "예루살렘으로 가면 결박과 환란을 당할 것이다." 바울은 응원단이 필요했습니다. 그래서 에베소의 제자들을 초청해 대화를 나누며 힘을 얻었습니다. 바울은 사랑하는 사람들의 응원을 통해 흔들리는 마음을 다잡았습니다. 그리고 그들 앞에서 선포했습니다. 바울은 예루살렘에서 무슨 일을 당할지는 모르지만, 예수님이 맡기신 사명을 생명보다 소중하게 여기며 최선을 다할 것이라고 선언했습니다. 대입 마라톤에서 35km 구간을 남겨 두고 있습니다. 바울처럼 서로 대화하며 응원하면서 마음을 다잡아봅시다.

1min Prayer

우리를 응원하고 격려하시는 하나님, 인생의 경주에서 저와 ○○(이)가 서로를 응원하며 격려하는 응원단이 되게 하시니 감사합니다. 이제 대입에서 가장 힘든 구간이 남겨져 있음을 고백합니다. 앞으로 무슨 일을 당할지 모르지만, 주님이 주신 사명이오니 끝까지 잘 감당할 수 있도록 도와주소서. 저는 부모의 사명을, ○○(이)는 학생의 사명을 생명처럼 소중하게 생각하게 하소서. 성령님께서 우리의 마음을 다잡아 주시고 오늘도 새로운 마음으로 출발하게 하소서. 예수님의 이름으로 기도합니다.

D-17

1 min Word

로마서 16:6-7

⁶너희를 위하여 많이 수고한 마리아에게 문안하라 ⁷내 친척이요 나와 함께 갇혔던 안드로니고와 유니아에게 문안하라 그들은 사도들에게 존중히 여겨지고 또한 나보다 먼저 그리스도 안에 있는 자라

Cheer (1 min) 로마 교회가 응원합니다.

로마 교회는 로마제국의 수도에 있는 교회였습니다. 하지만 우리의 생각만큼 크지 않았습니다. 3~5개의 가정교회로 이루어졌고 성도 수도 대략 100명 안팎이었습니다. 하지만 바울은 로마서를 마무리하면서 로마교회에 대한 응원과 격려를 아끼지 않았습니다. 특히 바울이 마지막 인사말에서 언급한 26명의 명단 안에는 여자가 9명이고 노예 출신도 다수 포함되어 있었습니다. 이것은 로마 교회가 다양한 연령, 신분, 인종에도 불구하고 하나의 공동체를 이루었다는 증거입니다. 주 안에서 모든 장벽을 없앤 것입니다. 다른 것은 결코 나쁜 것이 아님을 깨닫고 서로를 사랑했던 것입니다. 우리 가정도 교회입니다. 자녀를 자녀로 대하지 말고, 교회의 성도로 대해 보세요. 그럴 때 서로 다른 점도 용납될 것입니다.

Prayer (1 min)

우리를 하나 되게 하시는 하나님, 우리 가정도 교회라는 사실을 깨닫게 해 주셔서 감사합니다. ○○(이)를 저의 자녀로 대하지 말고 교회의 성도로 대할 수 있게 하소서. 서로 다름을 용납했던 로마 교회 성도들처럼 저와 ○○(이)가 서로 다른 점을 용납할 수 있게 하소서. 자녀라는 이유만으로 저의 생각과 고집을 강요하였음을 용서하여 주소서. 바울처럼 교회의 성도인 ○○(이)를 응원하고 격려하게 하소서. 예수님의 이름으로 기도합니다.

D-16

1 min Word

고린도전서 6:19-20

¹⁹너희 몸은 너희가 하나님께로부터 받은 바 너희 가운데 계신 성령의 전인 줄을 알지 못하느냐 너희는 너희 자신의 것이 아니라 ²⁰값으로 산 것이 되었으니 그런즉 너희 몸으로 하나님께 영광을 돌리라

Cheer `1 min`
고린도 교회가 응원합니다.

소유권을 남에게 넘기는 것을 명의이전(名義移轉)이라고 합니다. 명의이전은 기분 좋은 일이 아닙니다. 내 집이나 내 차의 소유권을 남에게 넘기고 기뻐할 사람은 없습니다. 하지만 세상에서 가장 기뻐해야 할 기분 좋은 명의이전이 있습니다. 나의 몸과 마음의 소유권을 하나님께 넘기는 명의이전입니다. 사실 삼위일체 하나님은 나의 주인이 되시기에 합당한 분입니다. 하나님은 우리를 창조하셨습니다. 예수님은 십자가에서 나의 죗값을 치르셨습니다. 성령님은 내 안에서 밤낮 지켜 주십니다. 하나님이 내 주인이라는 사실이 살짝 기분 나쁘신가요? 내 인생의 주인이 나라면 내가 관리해야 합니다. 하지만 하나님이 주인이라면 하나님이 관리해 주십니다. 여러분과 자녀의 인생 명의는 누구로 되어 있나요? 하나님께 이전하는 것이 이득 아닐까요?

Prayer `1 min`

우리 인생의 주인이신 하나님, 삼위일체 하나님이 저와 ○○(이)의 주인이 되어 주시니 감사합니다. 우리를 창조하시고 값을 치러 주시고 지금도 보호해 주시니 감사합니다. 하나님이 주인 되시니 걱정 근심이 전혀 없음을 고백합니다. 우리의 몸과 마음이 주인 되신 하나님의 뜻대로 사용 되어지게 하소서. ○○(이)의 대입도 주인 되신 하나님께 맡겨드립니다. 하나님이 인도하시는 대로 따라가게 하소서. 예수님의 이름으로 기도합니다.

D-15

1 min Word

갈라디아서 5:16, 22-23

¹⁶내가 이르노니 너희는 성령을 따라 행하라 그리하면 육체의 욕심을 이루지 아니하리라 ²²오직 성령의 열매는 사랑과 희락과 화평과 오래 참음과 자비와 양선과 충성과 ²³온유와 절제니 이같은 것을 금지할 법이 없느니라

Cheer (1 min) 갈라디아 교회가 응원합니다.

가족을 사랑하고 싶다면, 기쁘고 평화롭게 생활하고 싶다면, 고단한 문제를 인내하며 이겨 내고 싶다면 비법(秘法)을 알아야 합니다. 까칠하고 민감한 수험생 자녀에게 친절한 부모가 되고 싶다면, 착하고 부드러운 부모가 되고 싶다면 비결(秘訣)을 알아야 합니다. 그 비법과 비결은 성령님께 있습니다. 성령님을 따라 행동하면 됩니다. 우리 안에 내장돼 있는 육체의 욕심을 따라가지 말고, 성령님이 인도하시는 대로 순종하면 됩니다. 성령님께 순종하면 생활 가운데 사랑, 기쁨, 평안, 인내, 친절, 선, 신실함, 온유, 절제 등의 성령의 열매가 주렁주렁 열립니다. 그리스도인은 이 비밀스러운 방법으로 세상을 살아가는 사람입니다. 참 쉽죠.

Prayer (1 min)

열매를 맺게 하시는 하나님, 저와 ○○(이)에게 성령님을 보내 주셔서 감사합니다. 하지만 제가 성령님이 인도하시는 대로 순종하지 않았음을 용서하소서. 성령님을 따라 행동하게 하소서. 그래서 생활 가운데 성령의 열매를 많이 맺게 하소서. 성령의 능력으로 가족을 사랑하며 기쁨과 평화 가운데 생활하게 하소서. 수험생인 ○○(이)에게 친절하고 착하고 부드러운 부모가 되게 하소서. 저의 힘으로 될 수 없음을 고백합니다. 오직 성령의 능력으로 가능함을 고백합니다. 예수님의 이름으로 기도합니다.

D-14

1 min Word

에베소서 4:23-24, 요한계시록 2:4-5

²³오직 너희의 심령이 새롭게 되어 ²⁴하나님을 따라 의와 진리의 거룩함으로 지으심을 받은 새 사람을 입으라
⁴그러나 너를 책망할 것이 있나니 너의 처음 사랑을 버렸느니라 ⁵그러므로 어디서 떨어졌는지를 생각하고 회개하여 처음 행위를 가지라 만일 그리하지 아니하고 회개하지 아니하면 내가 네게 가서 네 촛대를 그 자리에서 옮기리라

Cheer （1 min） 에베소 교회가 응원합니다.

주후 62년, 사도 바울은 에베소 교회에 간절한 부탁의 편지를 보냈습니다. 마음과 생각을 새롭게 해서 새 사람으로 성장하라고 부탁했습니다. 30년이 지난 후 어떻게 되었을까요? 에베소 교회는 바울의 부탁과는 정반대로 변해 있었습니다. 처음 사랑을 버렸습니다. 주님을 사랑하던 열정이 다 식어버렸습니다. 95년, 사도 바울은 에베소 교회에 다시 부탁했습니다. 회개하라고 부탁했습니다. 회개하지 않으면 사라진다고 경고했습니다. 그러나 안타깝게도 현재 에베소 교회는 지구상에 존재하지 않습니다. 회개는 유턴(U-Turn)입니다. 잘못 가던 길을 180도 회전하여 바른길로 돌아서는 것입니다. 30년 지난 후, 우리 가정은 어떻게 변해 있을까요? 지금이라도 유턴합시다.

Prayer （1 min）

자비로우신 하나님, 날마다 마음과 생각을 새롭게 하도록 도와주소서. 매일 새 사람으로 성장하고 성숙하게 하소서. 잃어버린 처음 사랑을 회복하게 하소서. 다시 주님을 열정적으로 사랑하게 하소서. 잘못된 길을 가고 있다면 유턴하게 하소서. 우리 가정이 30년 후에도 예수님을 믿는 믿음의 가정으로 남게 하소서. 예수님의 이름으로 기도합니다.

D-13

1 min Word

빌립보서 2:3-5

³아무 일에든지 다툼이나 허영으로 하지 말고 오직 겸손한 마음으로 각각 자기보다 남을 낫게 여기고 ⁴각각 자기 일을 돌볼뿐더러 또한 각각 다른 사람들의 일을 돌보아 나의 기쁨을 충만하게 하라 ⁵너희 안에 이 마음을 품으라 곧 그리스도 예수의 마음이니

Cheer 빌립보 교회가 응원합니다.

빌립보 교회는 장점이 많은 교회였습니다. 하지만 심각한 단점이 있었습니다. 성도들끼리 서로 경쟁하며 싸웠습니다. 높은 자는 자랑질만 했고 강자는 약자를 배려하지 않았습니다. 갑질도 있었습니다. 그로 인해 원망과 불평의 목소리가 끊이지 않았습니다. 바울은 영적 암세포에 의해 병들어 가는 빌립보 교회에 "예수의 마음을 품으라"는 처방을 내렸습니다. 창조주 예수님이 피조물을 섬기기 위해, 우주 최고 갑의 자리를 버렸습니다. 하나님과 동등한 권리도 포기했고, 신의 옷도 벗어 던졌습니다. 예수의 마음을 품으면 가정의 모든 문제도 해결됩니다. 부모가 겸손해지면 가정에 사랑의 기적이 일어납니다. 예수의 마음 품고 작은 십자가를 져 봅시다.

Prayer

섬김과 사랑의 본을 보여 주신 하나님, 예수님처럼 자기를 부인하고 겸손한 마음을 품게 하소서. 가정 공동체의 하나됨을 위해서 저의 권리를 포기하게 하소서. 교만의 옷을 벗어 던지고 겸손히 입시 자녀를 섬기게 하소서. 괴로운 일이 많지만, 주께서 저에게 힘을 주시면 잘 감당할 줄 믿습니다. 겸손한 말과 행동으로 자녀를 감화시키게 하시고 자녀가 갈 길을 잃을 때 잘 인도하게 하소서. 예수님의 이름으로 기도합니다.

D-12

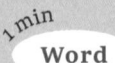

골로새서 3:20-21, 23

20자녀들아 모든 일에 부모에게 순종하라 이는 주 안에서 기쁘게 하는 것이니라 21아비들아 너희 자녀를 노엽게 하지 말지니 낙심할까 함이라 23무슨 일을 하든지 마음을 다하여 주께 하듯 하고 사람에게 하듯 하지 말라

_____

_____

_____

Cheer 골로새 교회가 응원합니다.

바울은 골로새 교회에 새 사람의 삶의 방식을 가르쳐 주었습니다. 새 사람은 다시 태어난, 거듭 태어난 사람입니다. 새 사람은 예수님의 십자가와 함께 죽고, 예수님의 부활과 함께 살아난 사람입니다. 새 사람은 더 이상 땅의 방식으로 살아가는 땅에 속한 사람이 아닙니다. 하늘의 방식으로 살아가는, 하늘에 속한 사람입니다. 새 사람은 가정에서의 삶의 방식도 남다릅니다. 부모는 자녀를 낙심시키거나, 자녀를 분노하게 만들지 않습니다. 왜냐하면 예수님을 섬기듯이 자녀를 섬기기 때문입니다. 새 사람의 가슴에는 '주께 하듯 하라'는 가훈이 걸려 있기 때문입니다. 자녀를 예수님이라고 생각한다면 함부로 말하거나 대하지 않을 것입니다.

Prayer

우리를 새 사람이 되게 하신 하나님, 저와 ○○(이)를 예수님과 함께 죽고 함께 부활한 새 사람이 되게 하시니 감사합니다. 새 사람은 하늘의 방식으로 살아가야 함에도 그렇게 살지 못한 저를 용서하여 주소서. 자녀를 대할 때 주께 하듯 하지 못했음을 고백합니다. 자녀를 낙심시키고 분노하게 만들었음을 고백하오니 용서하여 주소서. 오늘부터 다시 새로운 마음을 결단하고 새 사람의 생활방식으로 가정생활도 꾸려가게 하소서. 예수님의 이름으로 기도합니다.

D-11

1 min Word

데살로니가전서 5:16-18

[16]항상 기뻐하라 [17]쉬지 말고 기도하라 [18]범사에 감사하라 이것이 그리스도 예수 안에서 너희를 향하신 하나님의 뜻이니라

_____

_____

_____

Cheer (1 min) 데살로니가 성도들이 응원합니다.

수험생에게 숙면(熟眠) 즉 깊은 잠, 꿀잠은 항상 로망입니다. 그러나 영적인 숙면은 절대 금지입니다. 영적인 잠을 자다가는 세상에 다시 오시는 예수님을 맞이할 수 없습니다. 예수님은 도둑같이 비밀리에, 해산하는 여인처럼 갑자기 재림하십니다. 따라서 영적으로 항상 깨어 있어야 합니다. 지금 이곳에서 주어진 모든 일을 기쁨으로 살아내야 합니다. 쉬지 않고 기도해야 합니다. 어떠한 형편에서도 감사해야 합니다. 영혼의 잠을 자게 하는 수많은 유혹이 있을 겁니다. 그때마다 내 영혼을 향해 '일어나'라고 외치세요. 그리고 한 가지 더 주의할 것. 수험생 부모라고 영혼의 꿀잠이 허용되는 것은 아닙니다.

Prayer (1 min)

사랑하는 하나님, 오늘도 지금 여기에서 하나님의 뜻을 기쁨으로 감당하게 하소서. 언제 어디서나 기도를 쉬지 않게 하소서. 무엇을 하든지 저의 생각과 마음이 하나님 앞에 머물게 하소서. 삶의 모든 상황과 형편에 감사하게 하소서. 항상 깨어서 예수님의 재림을 준비하게 하소서. 특히 수험생인 ○○(이)에게 육체의 숙면을 주시되 영혼의 숙면을 거두어 가소서. 예수님의 이름으로 기도합니다.

예수는 지혜와 키가 자라가며 하나님과 사람에게 더욱 사랑스러워 가시더라
_ 누가복음 2장 52절

D-10 ~ D-01

D-10

1 min Word

디모데후서 1:5-7

⁵이는 네 속에 거짓이 없는 믿음이 있음을 생각함이라 이 믿음은 먼저 네 외조모 로이스와 네 어머니 유니게 속에 있더니 네 속에도 있는 줄을 확신하노라 ⁶그러므로 내가 나의 안수함으로 네 속에 있는 하나님의 은사를 다시 불일듯 하게 하기 위하여 너로 생각하게 하노니 ⁷하나님이 우리에게 주신 것은 두려워하는 마음이 아니요 오직 능력과 사랑과 절제하는 마음이니

Cheer (1 min)

디모데가 응원합니다.

디모데의 마음에는 온갖 쓰레기가 가득했습니다. 두려움이 가득했습니다. 멘토였던 바울이 로마 감옥에 갇혀 있었기 때문입니다. 부담감이 가득했습니다. 어린 나이에 에베소 교회의 담임 목회자가 되었기 때문입니다. 분노가 넘쳤습니다. 교회의 대적자들이 거센 공격을 퍼부었기 때문입니다. 디모데는 마음의 쓰레기 때문에 위장병도 걸렸습니다. 바울은 그런 디모데에게 마음의 분리수거를 하자고 제안했습니다. 쓰레기 마음과 성령이 주시는 마음을 잘 구별해서 정리하라고 했습니다. 쓰레기 같은 마음을 굳이 품고 있을 필요가 없습니다. 수능과 대입을 앞둔 자녀도 마음이 복잡할 겁니다. 마음의 분리수거를 제안해 보세요.

Prayer (1 min)

우리를 회복시키시는 하나님, 저와 ○○(이)에게 성령의 마음을 주셔서 감사합니다. 저와 ○○(이)가 마음 속에 남겨 둔 불필요한 감정을 정리하게 하소서. 수능을 앞두고 두려운 마음, 대입에 대한 부담감, 홀로 준비하는 외로움 등의 복잡한 마음을 버리도록 도와주소서. 성령으로 충만하게 하소서. ○○(이)에게 기도하는 마음을 주소서. 하나님이 ○○(이)를 사랑하시는 것처럼 ○○(이)도 자기 자신을 사랑하게 하소서. 예수님의 이름으로 기도합니다.

D-09

1 min Word

디도서 1:13-14, 16

¹³이 증언이 참되도다 그러므로 네가 그들을 엄히 꾸짖으라 이는 그들로 하여금 믿음을 온전하게 하고 ¹⁴유대인의 허탄한 이야기와 진리를 배반하는 사람들의 명령을 따르지 않게 하려 함이라 ¹⁶그들이 하나님을 시인하나 행위로는 부인하니 가증한 자요 복종하지 아니하는 자요 모든 선한 일을 버리는 자니라

_____

_____

_____

Cheer (1 min) 디도가 응원합니다.

디도는 그레데 교회를 목회했습니다. 그레데는 그리스 남쪽, 지중해 한가운데 있는 섬이었습니다. 당시 그레데 교회는 할례파 때문에 몸살을 앓고 있었습니다. 할례파는 율법을 지나치게 강조했고, 특히 할례를 받아야 구원받는다고 주장했습니다. 그러나 할례파는 입술로만 순종을 외쳤지 실제 생활은 엉망이었습니다. 예수님도 없었고 선한 행실도 없었습니다. 그들은 교회를 아프게 하는 영적 바이러스였습니다. 바울은 디도에게 편지를 써서 할례파를 "엄히 꾸짖으라"고 했습니다. 모든 질병은 초기에 고쳐야 하듯 잘못된 믿음도 빨리 바로잡아야 합니다. 입시 준비로 분주하겠지만 영적인 바이러스, 영혼의 감기몸살도 조심해야 합니다.

Prayer (1 min)

정결케 하시는 하나님, 예수님을 믿게 하시고 구원의 길을 걸어가게 하시니 감사합니다. 저희를 공격하는 잘못된 믿음을 분별할 수 있는 지혜를 주소서. 주님의 회초리로 저와 ○○(이)의 믿음을 바로잡아 주소서. 영적인 바이러스로부터 지켜주시고 영혼의 감기몸살로부터 보호하소서. 수능이 10일 앞으로 다가왔습니다. ○○(이)의 몸과 마음을 지켜주소서. 오늘도 주님이 원하시는 올바른 길로 걸어가게 하소서. 예수님의 이름으로 기도합니다.

D-08

1 min Word

빌레몬서 1:1-3

¹그리스도 예수를 위하여 갇힌 자 된 바울과 및 형제 디모데는 우리의 사랑을 받는 자요 동역자인 빌레몬과 ²자매 압비아와 우리와 함께 병사 된 아킵보와 네 집에 있는 교회에 편지하노니 ³하나님 우리 아버지와 주 예수 그리스도로부터 은혜와 평강이 너희에게 있을지어다

1 min Cheer 빌레몬이 응원합니다.

아버지 빌레몬, 어머니 압비아, 아들 아킵보. 세 사람은 골로새 교회를 아름답게 섬기는 드림팀(Dream Team)이었습니다. 빌레몬은 자신의 집을 예배 장소로 제공했습니다. 또한 교회와 선교 사역에 필요한 많은 재정을 후원했습니다. 압비아는 식사를 비롯한 교회의 궂은일들을 도맡았습니다. 아킵보는 그리스도의 군사로서 바울의 선교 사역에 동참하고 협력했습니다. 축구팀으로 설명하자면 공격수 빌레몬과 수비수 압비아와 미들 자원 아킵보의 환상적인 조합이었습니다. 바울도 이 믿음의 명문 가정을 입에 침이 마르도록 칭찬했습니다. 21세기에도 교회를 세워나갈 멋진 믿음의 명문 가정이 필요합니다. 하나님께 명문 가문이 되고 싶다고 요청해 보십시오.

1 min Prayer

꿈과 비전을 주시는 하나님, 저와 ○○(이)가 부족하지만 교회를 섬기게 하시니 감사합니다. 하나님이 각자에게 주신 사명을 잘 감당할 수 있도록 도와주소서. 우리 가정이 빌레몬 가정과 같은 멋진 믿음의 명문 가정이 되길 소망합니다. 교회의 필요를 채우고 성도를 유익하게 하는 멋진 가정이 되게 하소서. 특별히 ○○(이)가 더욱 성장하여 아킵보와 같은 멋진 그리스도의 군사가 되게 하소서. 예수님의 이름으로 기도합니다.

D-07

1 min Word

야고보서 5:13, 전도서 7:14

¹³너희 중에 고난 당하는 자가 있느냐 그는 기도할 것이요 즐거워하는 자가 있느냐 그는 찬송할지니라
¹⁴형통한 날에는 기뻐하고 곤고한 날에는 되돌아 보아라 이 두 가지를 하나님이 병행하게 하사 사람이 그의 장래 일을 능히 헤아려 알지 못하게 하셨느니라

Cheer (1 min)
예수님의 동생 야고보가 응원합니다.

서핑 보드(surfboard)를 타고 파도 위를 달리는 모습이 시원합니다. 예수님의 동생 야고보는 영적 파도타기 기술을 알려줍니다. 고난의 파도가 밀려올 때에는 기도하고, 즐거울 땐 찬송하면 됩니다. 솔로몬이 말한 대로 곤고한 날에는 되돌아보고, 형통한 날에는 기뻐하면 됩니다. 인생의 바다에는 끊임없이 고난의 파도가 칩니다. 고난은 하나님이 허락하시는 신비로움입니다. 다 이해할 수 없습니다. 파도타기를 하는 사람은 파도가 왜 자꾸 밀려오냐고 원망하거나 불평하지 않습니다. 오히려 파도가 밀려오면 기뻐합니다. 파도가 클수록 더 높이 파도 위를 달립니다. 기도와 묵상으로 고난의 파도 위를 달리고 있을 우리의 모습이 시원합니다.

Prayer (1 min)

승리하게 하시는 하나님, 저와 ○○(이)의 인생의 바다에도 고난의 신비를 허락해 주시니 감사합니다. 하지만 고난의 파도가 밀려올 때, 불평하고 원망했던 저를 용서하여 주소서. 형통하고 즐거울 때, 하나님의 은혜를 기억하며 찬송하지 못했던 저를 용서하여 주소서. 곤고한 고난의 날에도 하나님을 의지하며 기도할 수 있는 믿음을 주소서. 형통한 날에는 하나님과 함께 즐거워하며 기뻐 찬송하게 하소서. 인생의 모든 날을 하나님과 동행하는 저와 ○○(이)가 되게 하소서. 예수님의 이름으로 기도합니다.

D-06

1 min Word

베드로전서 5:6-7

⁶그러므로 하나님의 능하신 손 아래에서 겸손하라 때가 되면 너희를 높이시리라 ⁷너희 염려를 다 주께 맡기라 이는 그가 너희를 돌보심이라

_____

_____

_____

Cheer (1 min) 흩어진 나그네들이 응원합니다.

"엄마 손은 약손, 울 아가 배는 똥배~." 엄마가 배앓이를 하는 아가의 배를 어루만져 줍니다. 아가는 엄마 품에서 잠이 듭니다. 그리고 신기하게 배앓이도 가라앉습니다. 우리도 살아가면서 속앓이를 합니다. 마음이 아프고 시릴 때가 있습니다. 마음이 몸살을 앓듯 열이 펄펄 끓어오를 때가 있습니다. 그럴 때 하나님의 사람은 하나님의 능하신 손을 의지합니다. 나의 약한 손을 하나님의 강한 손 위에 포개어 올려놓습니다. 염려하고 걱정하는 것들을 주님의 손 위에 다 올려놓습니다. 주님께 맡기는 것입니다. 그러면 아버지 하나님의 손이 우리를 높여 주시고 우리를 돌봐 주십니다. 수능을 앞두고 속앓이를 하고 있습니까? 하나님의 능하신 손 위에 올려놓으십시오. 그리고 노래하십시오. "하나님 손은 약손, 내 마음은 똥배."

Prayer (1 min)

능력이 많으신 하나님, 전지전능하신 하나님의 손을 의지할 수 있는 믿음을 주셔서 감사합니다. 하나님의 손은 우리의 마음을 고쳐 주시는 약손임을 고백합니다. 수능을 앞두고 여러 가지 복잡한 마음이 드는 ○○(이)의 마음을 만져 주소서. 염려와 걱정을 주님의 손 위에 올려놓을 수 있는 믿음도 주소서. 겸손히 하나님의 손을 의지하는 자들을 외면하지 않으시고 때가 되면 높여 주실 줄 믿습니다. 이 믿음 변치 말게 하시고 끝까지 하나님만을 의지하게 하소서. 예수님의 이름으로 기도합니다.

D-05

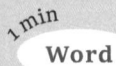

요한일서 4:11-12

¹¹사랑하는 자들아 하나님이 이같이 우리를 사랑하셨은즉 우리도 서로 사랑하는 것이 마땅하도다 ¹²어느 때나 하나님을 본 사람이 없으되 만일 우리가 서로 사랑하면 하나님이 우리 안에 거하시고 그의 사랑이 우리 안에 온전히 이루어지느니라

---

1 min Cheer — 사도 요한이 응원합니다.

'사랑은 ○○다'라고 정의를 내리라면 아마도 수십, 수백 가지는 될 것입니다. 사도 요한은 사랑은 주는 것이라고 말합니다. 하나님은 우리를 사랑하셨습니다. 그래서 가장 귀한 외아들을 주셨습니다. 예수님도 우리를 사랑하셨습니다. 그래서 십자가에서 가장 귀한 목숨을 주셨습니다. 이처럼 사랑은 주는 것입니다. 부모도 자녀를 사랑해서 그렇게 많은 것을 아낌없이 주는 것입니다. 사랑하니까 아침에 깨워주는 것입니다. 사랑하니까 밥 차려 주는 것이고 밥 사 주는 것입니다. 사랑하니까 학원비도 내주는 것이고 용돈도 주는 것입니다. 이왕 사랑해서 주는 것이라면 예쁘게 포장해서 주면 안 될까요? 좋은 표정과 말과 태도로 사랑을 주면 받는 자녀들도 더 힘이 날 겁니다. 하나님과 예수님이 하셨듯이 우리도 그렇게 해 봅시다.

1 min Prayer

사랑이 많으신 하나님, 저와 ○○(이)를 사랑하여 주시니 감사합니다. 가장 귀한 외아들을 주시고 십자가의 사랑을 베풀어 주시니 감사합니다. 오늘도 생명을 주시고 살아갈 수 있는 환경도 만들어 주시니 감사합니다. 주님이 저를 사랑하시는 것처럼 저도 ○○(이)를 사랑하게 하소서. 더 좋은 표정과 말과 태도로 대하게 하시고 ○○(이)에게 힘을 주는 부모가 되게 하소서. 주님이 그렇게 하셨듯이 저도 더 아름다운 사랑을 하게 하소서. 예수님의 이름으로 기도합니다.

D-04

1 min Word

요한삼서 1:1-3

¹장로인 나는 사랑하는 가이오 곧 내가 참으로 사랑하는 자에게 편지하노라 ²사랑하는 자여 네 영혼이 잘됨 같이 네가 범사에 잘되고 강건하기를 내가 간구하노라 ³형제들이 와서 네게 있는 진리를 증언하되 네가 진리 안에서 행한다 하니 내가 심히 기뻐하노라

_____
_____
_____

1 min
Cheer 가이오가 응원합니다.

편지가 도착했습니다. 사도 요한이 가이오에게 보낸 편지였습니다. 사랑이 듬뿍 담긴 응원의 메시지였습니다. 가이오는 진리를 바르게 가르치는 목회자였습니다. 가르친 대로 실천하는 멋진 지도자였습니다. 특히 순회교사를 잘 대접하기로 소문이 났습니다. 순회교사는 여러 지역을 돌아다니며 말씀을 전하며 성도를 격려하는 자였습니다. 사도 요한은 이런 가이오를 생각할 때 기쁨의 미소를 감출 수 없었습니다. 그래서 사도 요한은 가이오를 위해서 날마다 기도했습니다. 가이오의 영혼과 범사(凡事)가 잘 되기를 간구했습니다. 최고의 사랑은 기도입니다. 요한삼서를 읽어가며 미소지었을 가이오의 얼굴이 그려집니다. 당신의 사랑과 기도를 받은 자녀도 똑같을 겁니다.

1 min
Prayer

말씀으로 위로하시는 하나님, 저와 ○○(이)가 서로를 응원하고 격려하며 기도해 주는 동반자가 되게 하시니 감사합니다. 주 안에서 잘 견디고 버틴 ○○(이)를 축복합니다. ○○(이)의 영혼이 잘됨같이 범사가 잘 되고 강건하게 하소서. 3일 앞으로 다가온 수능에서도 잘 되고 강건하게 하소서. 그동안 ○○(이)가 걸어온 수험생의 길을 하나님은 다 알고 계십니다. 올바르고 정의롭게 열매 맺게 하셔서 ○○(이)에게 큰 위로가 되게 하소서. 예수님의 이름으로 기도합니다.

D-03

1 min Word

유다서 1:24-25

²⁴능히 너희를 보호하사 거침이 없게 하시고 너희로 그 영광 앞에 흠이 없이 기쁨으로 서게 하실 이 ²⁵곧 우리 구주 홀로 하나이신 하나님께 우리 주 예수 그리스도로 말미암아 영광과 위엄과 권력과 권세가 영원 전부터 이제와 영원토록 있을지어다 아멘

_____

_____

_____

Cheer (1 min)

예수님의 동생 유다가 응원합니다.

예수님은 호적상 4명의 남동생이 있었습니다. 마리아가 남편을 통해 낳은 야고보, 요셉, 시몬, 유다입니다. 막내 유다는 처음엔 예수님을 믿지 않았습니다. 어릴 때부터 함께 자라온 큰형이 메시아라니. 믿을 수 없었습니다. 게다가 예수님은 자신이 원하는 정치·군사적 메시아도 아니었습니다. 하지만 유다는 죽음에서 부활하신 예수님을 만난 후로는 달라졌습니다. 예수님은 더 이상 자신의 큰형님이 아니었습니다. 유다는 남은 인생을 예수님의 종으로 살았습니다. 특히 유다서를 기록하여 믿는 자들을 응원하고 격려했습니다. 유다서 마지막은 이런 응원으로 끝납니다. "능히 너희를 보호하사 거침이 없게 하시고." 예수님이 보호자가 되시고 지지자가 되어 주신다는 응원은 바로 당신과 자녀에게도 보내는 메시지입니다.

Prayer (1 min)

우리를 지켜 주시는 하나님, 저와 ○○(이)의 보호자가 되어 주시고, 지지자가 되어 주시니 감사합니다. 저와 ○○(이)가 넘어질 때마다 부활의 능력으로 다시 일으켜 주셔서 여기까지 올 수 있었습니다. 앞으로도 능히 저희를 보호해 주시고 모든 장애물에서 건져내 주실 줄 믿습니다. 끝까지 주님만을 의지하게 하소서. 수능 이후에 맞이하게 될 모든 상황에서도 보호자 되시는 주님과 동행하게 하소서. 예수님의 이름으로 기도합니다.

D-02

1 min Word

요한계시록 1:8

⁸주 하나님이 이르시되 나는 알파와 오메가라 이제도 있고 전에도 있었고 장차 올 자요 전능한 자라 하시더라

_____

_____

_____

Cheer (1 min) 사도 요한이 응원합니다.

"나는 알파와 오메가라." 창조주 하나님이 글자 2개로 자신을 소개한 것이 흥미롭습니다. 알파(Α)는 헬라어 알파벳의 첫 글자이며 오메가(Ω)는 마지막 글자입니다. 하나님은 역사의 처음이자 마지막이라는 뜻입니다. 과거, 현재, 미래의 모든 시간 속에 계신다는 뜻입니다. 즉, 하나님은 시간 속에 갇혀 있는 우리와는 차원이 다르다는 뜻입니다. 그분은 시간을 초월해 계시기에 우리의 모든 시간을 알고 계십니다. 따라서 하나님은 우리 인생을 맡겨드릴 만한 분입니다. 아픈 과거 속에서 후회하며 헤매지 맙시다. 다가올 미래도 미리 두려워 맙시다. 우리 인생의 알파와 오메가를 전능하신 하나님의 손에 올려놓읍시다. 수능도, 대입도, 미래도 그리고 죽음 이후도 다 맡깁시다. 인생을 우리 손으로 어떻게 해 보려고 할 때 불행은 시작됩니다.

Prayer (1 min)

영원하신 하나님, 저와 ○○(이)가 수능 하루 전날을 맞이할 수 있도록 인도하여 주시니 감사합니다. 알파와 오메가이신 하나님께 모든 것을 맡겨드립니다. 지나간 시간들을 후회하지 않게 하소서. 수능 이후 펼쳐지게 될 미래의 일들도 두려워하지 않게 하소서. 대입을 비롯한 인생의 중요한 순간순간을 하나님께 맡겨 드리게 하소서. 저와 ○○(이)의 힘으로 인생을 어떻게 해 보려고 할 때 깨닫게 하소서. 역사와 시간의 주인 되신 하나님을 기억하게 하소서. 오늘 하루도 주님께 올려 드리니 받아 주소서. 예수님의 이름으로 기도합니다.

D-01

1 min Word

히브리서 12:1-2

¹이러므로 우리에게 구름 같이 둘러싼 허다한 증인들이 있으니 모든 무거운 것과 얽매이기 쉬운 죄를 벗어 버리고 인내로써 우리 앞에 당한 경주를 하며 ²믿음의 주요 또 온전하게 하시는 이인 예수를 바라보자 그는 그 앞에 있는 기쁨을 위하여 십자가를 참으사 부끄러움을 개의치 아니하시더니 하나님 보좌 우편에 앉으셨느니라

_____

_____

_____

Cheer (1 min) — 허다한 증인이 응원합니다.

내일이면 길고 길었던 수능 마라톤이 끝납니다. 그동안 잘 달려온 부모님과 자녀를 축복합니다. 예수님은 누구보다 인내를 잘 알고 계시는 분입니다. 신이 인간이 되어 33년의 고난을 인내하셨습니다. 그리고 생애 마지막, 십자가 위에서 뼈 마디마디의 통증과 벌거벗겨지는 부끄러움도 인내하셨습니다. 잠시 후면 찾아올 부활의 기쁨, 하늘의 영광을 바라보셨기 때문입니다. "다 이루었도다"라는 속 시원한 선언을 상상하셨던 것입니다. 아직 우리 인생의 경주는 끝나지 않았습니다. 지난 100일의 묵상과 기도를 거울 삼아 앞으로 남은 경주도 믿음으로 완주합시다. 수많은 믿음의 선배들이 계속 여러분을 응원할 것입니다. 예수님과 믿음의 선배들의 박수와 응원을 힘입어 열심히 달려 봅시다.

Prayer (1 min)

우리를 응원하시는 하나님, 길고 길었던 수능 준비 기간을 지켜 주시고 인도해 주셔서 감사합니다. 건강하게 수능 마라톤을 완주하게 하시니 감사합니다. 저와 ○○(이)가 하나님이 주신 은혜를 기억하며 남은 인생의 경주도 믿음으로 완주할 수 있도록 도와주소서. ○○(이)가 시험장에 들어서는 순간부터 나오는 시간까지 매분, 매초를 하나님을 의지함으로 인내하게 하소서. 한 문제 한 문제 하나님의 지혜를 구하며 풀어나가게 하소서. 예수님처럼 "다 이루었다"라고 시원하게 선언할 수 있도록 은혜를 베풀어 주소서. 예수님의 이름으로 기도합니다.